UN PSYCHANALYSTE SUR LE DIVAN

DU MÊME AUTEUR

AUX ÉDITIONS PAYOT & RIVAGES

L'Inconscient à venir, 1980, 1993.

L'Enfant du miroir,
Coauteur avec Françoise Dolto, 1987, 1992 (Poche).

Le Silence en psychanalyse,
(sous sa direction), 1987, 1998 (Poche).

Enseignement de 7 concepts cruciaux de la psychanalyse,
1988, 1992 (Poche).

L'Hystérie ou l'enfant magnifique de la psychanalyse,
1990, 1995 (Poche).

Cinq Leçons sur la théorie de Jacques Lacan,
1992, 1994 (Poche).

Introduction aux œuvres de Freud, Ferenczi, Groddeck, Klein, Winnicott, Dolto et Lacan,
(sous sa direction), 1994.

Le Livre de la Douleur et de l'Amour, 1996.

Le Plaisir de lire Freud, 1999.

Les Grands Cas de psychose,
(sous sa direction), 2000.

CHEZ D'AUTRES ÉDITEURS

« Métaphore et Phallus », contribution à
Démasquer le réel, S. Leclaire, Seuil, 1971.

Aux limites du transfert (sous sa direction),
Rochevignes, 1985 (épuisé).

Les Yeux de Laure, Aubier, 1987,
Flammarion, 1996 (Poche).

J.-D.
NASIO

UN PSYCHANALYSTE SUR LE DIVAN

PAYOT

L'idée de ce livre m'est venue d'une série d'entretiens réalisés avec un jeune étudiant en psychologie, Xavier Diaz. Je tenais à le remercier pour la qualité de ses questions. Elles m'ont permis de me confier librement sur mon travail, mes convictions, mes doutes et ma vie de psychanalyste. J'ai écrit ces pages en gardant le style parlé et vivant du dialogue.

J.-D. N.

Comment travaille un psychanalyste ?

Les plongeurs du « Grand Bleu »

*

Joël ou ma peur de découvrir une psychose

*

Comment choisir son psy ?

*

Aimance ou le besoin de dépendance

L'amour et le plaisir sexuel

La solitude de l'homosexuel,
« l'amer délice » des homosexuelles

*

L'homme impuissant, la femme abandonnée ;
la jalousie

*

L'amour dans le couple

*

Toute femme est vierge

La haine et l'amitié

La haine
comme exercice de tous les jours

*

Un ami est celui avec qui
je me sens heureux d'être moi-même

Seul à seul avec l'enfant

Comment parler vrai à son enfant ?

*

Les 7 crises qui font grandir un enfant

*

Florent, Louise...,
le premier rendez-vous de l'enfant
avec son psychanalyste

Éloge du surmenage

Le charme d'Albertine

*

Surmenez-vous !

Les plongeurs du « Grand Bleu »

Xavier Diaz ❑ *Avant de commencer, je vous demanderai de répondre à mes questions en toute simplicité, sans artifice ni réticence. Comme si vous me parliez allongé sur ce divan qui est là, devant nous.*

J.-D. N. – Ce serait amusant de me retrouver sur le divan tant d'années après l'avoir quitté ! Mais je veux bien jouer le jeu, curieux de savoir où cela va nous conduire. En tous cas, je vous dis tout de suite que le travail mené avec mes patients est assurément une façon de rester sur le divan. Pourquoi ? Parce qu'un psychanalyste travaille non seulement avec son savoir-faire et son savoir théorique, mais surtout avec sa capacité d'éprouver des émotions, de fantasmer et, pour tout dire, de faire vibrer son inconscient. Au fond, être psychanalyste, c'est n'avoir jamais quitté le divan.

❑ *Eh bien, ma première question portera justement sur le divan. Pourquoi demander aux patients de s'allonger ?*

Le divan a une double fonction, l'une vis-à-vis de l'analysant, l'autre vis-à-vis de l'analyste. Pour l'analysant, il induit l'état de recueillement propice à l'apparition de souvenirs, d'images, de sentiments et de sensations. Quand un patient s'allonge, il modifie singulièrement son point de vue sur lui-même et sur le monde. Il passe d'une vision verticale et extérieure des choses à une vision onirique de sa vie intérieure. L'autre fonction du divan est de libérer l'analyste de la contrainte de supporter toute une journée le regard scrutateur de ses interlocuteurs. Se surveiller constamment l'empêche d'être disponible pour rentrer en lui-même et sentir en toute liberté les résonances des mots que le patient lui adresse. Demander à l'analysant de s'allonger n'est donc pas un simple rituel mais un geste technique essentiel qui suscite la parole intime et favorise l'écoute attentive.

Pour l'anecdote, je vous raconterais que j'ai dessiné moi-même ce divan. En fait, l'ébéniste proposait un modèle de méridienne en cuir qui me plaisait beaucoup mais dont le chevet était trop relevé. Aussi ai-je soumis au fabriquant le croquis d'un canapé à la tête plus basse pour l'aligner au niveau de mon fauteuil. Je voulais supprimer une trop grande surélévation du chevet qui m'aurait éloigné du patient. C'est un très beau meuble, sans ostentation mais probablement unique. Plusieurs fois, j'ai eu envie de le changer et finalement je l'ai maintenant depuis plus de trente ans ! Sur le mur, au-dessus de la méridienne, est accrochée la reproduction d'un tableau de Bruegel. Mes patients remarquent souvent que le divan est comme partagé en deux : du côté gauche ressort l'aspect obscur et monacal du Bruegel isolé sur un grand mur blanc ; de l'autre, l'aspect coloré qui s'ouvre sur la partie la plus lumineuse et dégagée de la pièce.

❑ *Le cadre d'un cabinet a-t-il tant d'importance ?*

Il est primordial. J'attache beaucoup de valeur à l'esthétique du lieu où je reçois. Vous sentez bien l'ambiance chaleureuse du bureau aux lueurs jaunes et orange qui rendent l'espace léger et transparent. C'est ainsi que je l'aime. Certains collègues, au contraire, préfèrent l'austérité d'une pièce sombre aux tentures obscures et remplie de livres. À chacun le lieu qui favorise au mieux son travail d'écoute.

❑ *Et vous, comment travaillez-vous ?*

J'essaie d'être un psychanalyste proche de mes patients, proche au sens propre comme au figuré. Quand l'analysant est en face de moi, je m'assieds habituellement au bord de mon fauteuil pour me rendre plus présent ; et s'il est allongé, je glisse le siège près du divan pour renforcer l'intimité de l'écoute. Contrairement à l'image caricaturale du psychanalyste muet, distant et passif, je conçois la présence de l'analyste comme une présence pleine, active, toute focalisée sur la personne du patient.

À mon avis, le praticien doit être un observateur minutieux, attentif non seulement aux paroles et aux silences de l'analysant, mais aussi à ses manifestations corporelles. En fait, une bonne écoute commence par une bonne observation. Dès que j'accueille le patient dans la salle d'attente, toute ma sensibilité est en éveil, que ce soit ma sensibilité visuelle, auditive, olfactive voire tactile lorsque, par exemple, je lui serre la main et la sens froide, molle ou moite. De même, je prête une attention particulière aux paquets et objets que, parfois, le patient emporte avec lui ; ou encore, je repère l'haleine alcoolisée de tel autre, malgré les chewing-gums à la menthe qu'il a mâchés pour la camoufler. Quand il s'agit d'un enfant assis à la table de jeu, ou d'un adulte en face à face, je reste attentif aux expressions distraites du visage et aux messages subtils des yeux. Bref, un psychanalyste n'écoute pas seulement avec ses oreilles, il est réceptif à tous les signes par lesquels un être communique sa vie.

Cependant, focaliser notre sensibilité sur la personne du patient ne suffit pas pour comprendre sa souffrance et l'en délivrer. Encore faut-il expérimenter en nous cette souffrance, c'est-à-dire la ressentir vivement, et ce, sans être bouleversé. C'est la seule façon pour le thérapeute de vraiment la connaître et la traiter efficacement. Cela dit, il ne faut pas qu'il se laisse envahir par une trop grande émotion ou succombe à la compassion. Ce serait un obstacle à l'intelligence de la situation. Au fil des ans, l'analyste a appris à maîtriser son empathie et à ne pas se laisser déstabiliser. Certes, il reste humain et chaleureux, mais nullement compatissant.

❑ *Mais pourquoi ne pas compatir ?*

Parce que le patient ne nous demande pas de nous apitoyer sur son sort, mais de l'aider à comprendre ses angoisses et surtout à s'en débarrasser. Si nous cédions à la compassion, nous serions loin de l'état d'attention et de lucidité indispensable pour découvrir l'origine des troubles. Nous avons à choisir : ou bien nous compatissons et, comme nous le ferions avec un ami, nous partageons sa douleur ; ou bien, sans exclure la sympathie, nous mobilisons tous nos efforts pour découvrir, derrière les manifestations du patient, la vraie cause de sa maladie. Cause qui, le plus souvent, est un choc émotionnel survenu dans l'enfance.

Je vous disais donc que pour libérer l'analysant de sa souffrance, il faut la comprendre, et que pour la comprendre, il faut pouvoir l'expérimenter, c'est-à-dire la ressentir en soi et ce, sans se laisser affecter. Or, pour être exact, il ne s'agit pas de ressentir la souffrance actuelle qui amène le patient à consulter, mais l'ancienne douleur de son traumatisme infantile : *ressentir en soi ce que l'autre a oublié.* Toute notre difficulté de psychanalyste est de réussir une telle opération mentale : ressentir en soi les toutes premières émotions douloureuses vécues jadis par l'autre et qu'il a aujourd'hui oubliées ; ne pas se laisser troubler ; se représenter une scène avec des personnages qui éprouveraient ces émotions ; et faire vivre au patient l'intensité d'une telle scène en la lui décrivant avec des mots prégnants. C'est un délicat exercice de perception psychanalytique qui conduit le praticien à revivre en lui-même les émois oubliés de l'analysant et à les lui transmettre. Je suis convaincu que, pour bien connaître un patient, nous ne pouvons le connaître qu'en nous-même, au plus profond de nous-même.

Mais je voudrais être plus concret. Quand, après plusieurs mois d'analyse, à un moment aigu d'une séance, j'écoute le patient exprimer son malaise, je m'efforce de l'imaginer enfant ou adolescent dans une scène conflictuelle ayant marqué son histoire. Sachez que *toute personne qui souffre recèle un enfant désemparé, blessé, qui cherche en vain à dire sa douleur*. Eh bien, c'est justement cet enfant en souffrance, impuissant, au bord des mots, que je tente de me représenter mentalement. Je ressens alors non pas ce que ressent l'adulte qui me parle, mais ce que ressentirait le petit garçon ou la petite fille du drame infantile que je ranime. Si, durant la cure, la scène imaginée se confirme comme n'étant pas une simple rêverie de ma part, et qu'en la communiquant à l'analysant, celui-ci se trouve soulagé de son angoisse, j'aurais la conviction d'avoir dégagé enfin l'un des conflits majeurs à l'origine des symptômes.

Je pense ici à Léa*, jeune femme venue me consulter pour une grave phobie de la rue qui la condamnait à se cloîtrer dans son appartement. Elle se déplaçait le moins possible et était toujours accompagnée par un proche pour se rendre à mon cabinet. Après un an d'analyse, eurent lieu plusieurs séances décisives, dont une où nous vîmes se

* Faut-il rappeler que le récit d'une histoire, fût-il le plus fidèle, est toujours une fiction, la fiction de celui qui l'écrit. Cette remarque vaut pour Léa et tous les autres cas que j'évoquerai dans ce livre.

desserrer enfin le nœud étouffant de sa phobie. Alors qu'elle me racontait en pleurant la trahison de sa meilleure amie, je me suis souvenu d'une scène dramatique de son enfance. Le jour de ses cinq ans, son père l'avait réveillée pour lui annoncer, l'air égaré, le départ inexplicable de sa mère pour un pays lointain. Un an plus tard elle apprendra qu'en vérité sa maman était morte dans un tragique accident de voiture. Je dois vous préciser que Léa m'avait déjà fait part de cet événement déchirant, mais d'un ton froid et détaché, comme si elle était indifférente. Or, c'est en l'écoutant se plaindre de l'abandon de son amie que j'ai visualisé la scène de l'autre abandon, celui de sa mère.

En me rappelant cet événement, j'ai senti ce que pouvait ressentir une petite fille terrassée par l'annonce maladroite de son père sous le coup d'un deuil soudain. J'ai éprouvé en toute lucidité, dans le présent de la séance, ce que Léa avait dû éprouver confusément vingt ans plus tôt : un affreux sentiment d'abandon et de glaciale solitude.

Avec un tact infini, je lui ai alors décrit la scène traumatique et évoqué la détresse qui l'avait accablée. Après mon intervention, Léa fut bouleversée comme si elle revivait au présent le désarroi d'une séparation dont elle avait refoulé la douleur. Dans les mois qui suivirent cette séance de reviviscence, nous eûmes la satisfaction de voir disparaître peu à peu la plupart de ses angoisses phobiques.

J'aimerais ajouter quelques mots concernant les phobies pour souligner une particularité qui se vérifie invariablement chez de nombreux patients et que je formulerai sous la forme d'une question. En présence d'un analysant phobique, il faut toujours se demander : « Quel traumatisme, quelle séparation violente, quelle perte, plus exactement, quel abandon – réel ou imaginaire – a-t-il subi entre trois et six ans, de la part de l'un ou l'autre de ses parents ? » En effet, nous savons que la peur phobique est une angoisse provoquée par la perte précoce, brutale et non symbolisée d'un être cher. Je souligne que cette perte peut avoir eu lieu objectivement dans la réalité ou « dans la tête » de l'enfant. Qu'elle soit réelle ou imaginaire, la perte est tout aussi douloureuse. Ayant souffert dans son enfance, le phobique vit en état d'alerte, dans l'angoisse permanente d'une nouvelle séparation. Je vous dis tout de suite que le sujet n'est pas conscient d'une telle menace, ni même inquiet à l'idée d'un nouvel abandon. Non, ce qu'il redoute, c'est un danger extérieur comme pourraient l'être la rue, le pont, l'avion, etc..., des dangers qui, selon lui, n'ont aucun rapport avec le traumatisme de l'enfance. Léa, par exemple, paralysée par la phobie des espaces ouverts, ignore combien son angoisse a été provoquée par le « départ » sidérant de sa mère. Or, à partir du moment où je l'ai amenée à revivre la scène de l'abandon, et ce, grâce à ma propre reviviscence, sa peur de la rue s'est estompée. Pourquoi ? Parce que tout trauma infantile, revécu, verbalisé et signifié dans l'actualité de la cure, perd sa virulence. Tant que le trauma reste oublié, il est nocif ; dès qu'il reflue à la conscience, il devient inoffensif.

L'exemple de Lea montre comment j'ai revécu en moi-même et fait revivre à la patiente l'émotion d'un abandon oublié.

❑ *Finalement, le psychanalyste travaille autant avec son cœur qu'avec sa raison !*

Plutôt qu'avec son cœur, je dirai avec son inconscient. Lorsque j'écoute l'analysant et me concentre jusqu'à revivre son émotion refoulée, j'engage intentionnellement mon propre inconscient. L'inconscient de l'analyste est son plus précieux instrument de travail. Pour un professionnel, agir avec son inconscient signifie, vous l'avez vu, laisser résonner en lui les plus fines vibrations de l'inconscient du patient. Cette immersion en soi pour aller à la rencontre des émois engloutis de l'autre, m'a souvent fait penser aux plongeurs du film de Luc Besson, *Le Grand Bleu*. Dans la plus vive acuité de l'écoute, j'ai moi aussi l'impression de plonger en apnée et de connaître l'ivresse des abysses. Je tente alors de débusquer au fond de moi-même les scènes conflictuelles de l'analysant, et remonte ensuite à la surface pour lui dire, le moment venu, avec des mots simples et expressifs ce que j'ai perçu. Voilà l'intervention la plus décisive du psychanalyste, laquelle, il faut le souligner, ne se renouvelle pas à toutes les séances. C'est un acte psychique très prenant, mais indispensable pour connaître en soi l'origine de la souffrance de l'autre et la lui révéler. J'ajoute que la réussite de cette descente intérieure exige une connaissance détaillée de l'histoire du patient, une entière disponibilité, une longue formation de clinicien et, surtout, une analyse personnelle accomplie.

À propos de plongée mentale, j'ai toujours présente à l'esprit une phrase peu connue de Freud qui, à mes yeux, définit parfaitement l'usage que le praticien fait de son inconscient. Il écrit ceci : « Le psychanalyste capte l'inconscient de l'analysant avec son propre inconscient. » Autrement dit, lorsque le psychanalyste plonge en lui-même, il se sert de son inconscient comme d'un organe récepteur destiné à capter les sentiments inconscients du patient. Cet engagement d'une partie de soi est la plus authentique implication d'un praticien qui, tout en restant lui-même, avance son inconscient tel un écran sur lequel se projettent des scènes traumatiques infantiles. Ainsi, au moment le plus aigu de l'écoute, quand l'analyste utilise son *inconscient instrumental*, il se dissocie entre celui qui maîtrise la situation et celui qui, simultanément, plonge en lui-même. En vous parlant de la sorte, j'imagine combien il doit vous être difficile de concevoir un tel dédoublement. C'est une expérience qu'il faut vivre pour vraiment la comprendre : se sentir parfaitement lucide et, à la fois, opérer un saut dans son inconscient.

❑ *Quelle différence faites-vous entre la technique de la psychanalyse telle que vous venez de la décrire et celle de la psychothérapie ?*

Il y a une grande distance entre les deux méthodes. L'écoute du psychothérapeute consiste à dénouer un conflit relationnel en repérant les événements de la vie passée et actuelle qui l'ont provoqué. C'est un travail d'éclaircissement bénéfique qui permet au patient de comprendre la signification de ses conflits et la raison de leur répétition. L'écoute du psychanalyste est très différente. Il ne s'agit plus seulement d'amener le patient à comprendre l'enchaînement des situations qui aboutissent au conflit, mais de l'inciter à *revivre* – comme je viens de vous le montrer – le bouleversement émotionnel générateur de sa souffrance actuelle. Cela posé, ces deux techniques malgré leurs différences peuvent être exercées par le même praticien au cours d'une cure. Un psychanalyste peut légitimement agir d'abord comme psychothérapeute, pour tenter ensuite, si l'état du patient l'exige, d'opérer la technique de la psychanalyse dont je vous ai parlée, c'est-à-dire d'utiliser son inconscient pour capter l'inconscient de l'analysant.

❑ *Quels sont les avantages d'une technique par rapport à l'autre ?*

Alors que la psychothérapie est une écoute capable de lever provisoirement le symptôme, la psychanalyse peut non seulement obtenir la même amélioration, mais surtout modifier la personnalité de l'analysant en l'amenant à modifier son attitude vis-à-vis de sa souffrance. Lorsqu'une analyse est efficace, elle conduit le patient à changer la vision qu'il avait de lui-même malade. Elle lui apprend la souplesse de rentrer en soi, de s'y découvrir étranger à soi-même, de se regarder différemment et de ressentir autrement son mal-être. « Le véritable lieu de naissance – écrit Marguerite Yourcenar –

est celui où l'on a porté pour la première fois un coup d'œil intelligent sur soi-même. »

❑ *Vous dites « modifier la personnalité », mais ne risque-t-on pas de déstructurer le patient ?*

Je vous répondrai en citant les mots qu'un analysant m'a écrits récemment à la suite d'une séance. Il me disait : « Dans le travail que vous faites avec moi, vous ne détruisez pas, vous ne réparez pas, vous ne remplacez pas, vous ne rajoutez pas, vous renforcez l'existant. » En effet, le principe qui me guide tient en ces termes : le patient, délivré de ses conflits nocifs, doit se réconcilier avec lui-même, se retrouver en lui-même à partir de ce qu'il a et de ce qu'il est. Mon but n'est pas de changer sa personnalité mais de l'enrichir de ce qu'il porte déjà en lui à l'état embryonnaire et si possible, lui apprendre à s'aimer différemment. Si par exemple un artiste, lors du premier entretien et en dehors du motif qui l'a amené à me consulter, me fait part de sa crainte de voir son inspiration tarie au cours de la cure, je le rassure aussitôt en lui affirmant que je ne retirerai ni ajouterai rien à ce qu'il est, mais au contraire, j'essaierai de stimuler en lui toute sa potentialité créatrice.

*

Joël ou ma peur de découvrir une psychose

❑ *Comment définir la santé mentale ? Quand diriez-vous qu'une personne est psychologiquement saine ?*

Votre question a toujours suscité de nombreux débats et élaborations au sein de la communauté des professionnels de la santé mentale. Aussi, je ne pourrai vous proposer qu'une réponse ponctuelle.

À mes yeux, la santé mentale est *l'état d'une personne capable de connaître ses limites et de les aimer*. Être psychiquement sain signifie vivre relativement heureux avec soi-même malgré les inévitables épreuves, surprises et restrictions que la vie nous impose. En somme, l'équilibre mental est reconnaissable à ceci que nous gardons le goût d'agir tout en ayant la faculté d'accueillir l'inattendu et de nous y adapter.

❑ *Et que penser de la folie ? Croyez-vous que les récentes avancées neuroscientifiques annoncent une victoire décisive sur la maladie mentale ?*

N'allons pas trop vite ! N'oublions pas que la recherche actuelle dans le domaine de la santé mentale est hélas très en retard sur la recherche médicale en général. Vous savez, la psychiatrie et la psychologie sont des sciences relativement jeunes. Les mathématiques remontent à l'Antiquité grecque ; la physique a déjà plus de cinq cents ans d'existence ; la chimie est apparue au XVIIIe siècle ; la biologie est presque aussi ancienne ; mais la psychiatrie moderne et la psychologie datent seulement du début du XIXe siècle. Rappelez-vous que la folie n'a pas toujours été synonyme de maladie mentale. Ce n'est qu'à la Renaissance que les fous ont cessé d'être des possédés du démon pour devenir des malades dignes de soins et que l'exorcisme a cédé le pas au traitement médical, fût-il le plus primaire. La Renaissance était l'époque où les guérisseurs pratiquaient cette singulière escroquerie dite de la « pierre de tête ». Je pense à une célèbre gravure flamande où l'on peut voir à l'œuvre le charlatan qui, après avoir rasé les cheveux d'un dément et incisé la peau de son crâne, en extirpe triomphalement une pierre sanguinolente qu'il lui montre ; pierre qu'il avait bien sûr dissimulée dans sa poche. Il existe au musée du Prado un tableau de Jérôme Bosch tout aussi remarquable, représentant une scène semblable, intitulé *Extraction de la pierre de folie*.

Non, nous ne sommes ni omniscients ni infaillibles ! Notre connaissance actuelle de la vie psychique reste encore très incomplète. Malgré les apports décisifs de la psychanalyse et des neurosciences, nous continuons à ignorer les véritables causes des maladies mentales. Nous travaillons avec des hypothèses parfaitement fondées, nous avons énormément affiné la manière de soigner nos patients, et surtout nous disposons de multiples médicaments performants, mais – et ceci est totalement méconnu du grand public – nous ne savons toujours pas comment naît et se développe une schizophrénie, une psychose maniaco-dépressive ou un délire. Je le dis sans ambages : nous ignorons quels sont les processus générateurs de la maladie mentale et, *a fortiori*, le mécanisme d'action de nos médicaments. Nous prescrivons des neuroleptiques de plus en plus efficaces, capables de réduire un délire ou de libérer le schizophrène d'une hallucination insupportable, et pourtant nous ne savons pas par quels enchaînements neurochimiques telle molécule parvient à faire disparaître tel symptôme. Par ailleurs, n'oublions pas qu'au moment où je vous parle il n'existe aucun psychotrope qui guérisse véritablement. Tous nos médicaments ont une action palliative, mais jamais une action curative. Ils peuvent supprimer le symptôme mais ils ne supprimeront pas la cause du symptôme.

Cette limite à notre savoir nous rend parfois désespérément impuissants face à des situations extrêmes vécues par nos patients. J'ai vu des familles plongées des années durant dans un drame sans issue parce que leur fils ou leur fille avait sombré dans la schizophrénie et oscillait entre amélioration et rechute, errant d'hospitalisation en hospitalisation. Ces mêmes parents qui, au début de la maladie de leur enfant, se battaient comme des lions pour qu'il guérisse, je les ai retrouvés, quelques années plus tard, épuisés, en plein désarroi, m'avouant leur désir pathétique de voir leur enfant se suicider pour être enfin délivrés de la folie qui les menaçait eux aussi.

Cependant, je tiens à préciser qu'actuellement, en dehors de ces cas extrêmes, nous parvenons, grâce à la mise en œuvre de stratégies thérapeutiques polyvalentes, à réduire le nombre de rechutes, raccourcir la durée du séjour hospitalier et favoriser une réhabilitation qui rend les patients plus autonomes et mieux intégrés dans l'espace social.

❑ *Mais en tant que psychanalyste, comment abordez-vous la maladie mentale ?*

En guise de réponse, je vais vous rapporter une expérience clinique tirée de ma pratique. Il y a quelque temps, je reçois Joël, un garçon de 17 ans accompagné de ses parents. Comme à mon habitude, je demande au père et à la mère de rester dans la salle d'attente pendant que je m'entretiens d'abord avec leur fils en tête à tête. Elève de terminale, celui-ci m'explique qu'il ne peut plus aller au lycée à cause de l'angoisse qui le paralyse. Souvent, en arrivant aux abords de l'établissement, il sent qu'il va s'évanouir, il est pris de panique et s'en éloigne au plus vite.

Joël est un garçon particulièrement communicatif, très athlétique, qui adore le tennis. Une certaine douceur et une grande souffrance qui transparaissent sur son visage éveillent immédiatement la sympathie et l'envie de l'aider.

À travers ce cas, je voudrais vous faire comprendre mon trouble, car, devant un patient comme

Joël, je redoute toujours de détecter une cassure psychique irréparable. Face à ce garçon au regard touchant, je suis pris par la crainte secrète de découvrir en lui le monstre de la folie. Lors du premier rendez-vous, je dois savoir impérativement si son être intime a été brisé ou s'il est resté intact. Voyez-vous, pour moi, psychanalyste, les patients qui ont des troubles mentaux se divisent schématiquement en deux grandes catégories. Ceux qui souffrent parce qu'un rouage intérieur s'est rompu – je pense aux psychotiques – ; le mécanisme de la rupture est appelé par Lacan *« forclusion »*. Et ceux qui souffrent alors que rien d'essentiel n'a été atteint – je pense aux névrosés – ; le mécanisme est ici le *refoulement*. C'est pourquoi, en présence de Joël, je suis profondément embarrassé à l'idée de dépister, derrière les symptômes de phobie scolaire, une psychose larvée. Je ressens le même malaise que le cancérologue scrupuleux qui, examinant avec soin son patient, cherche la tumeur en espérant ne jamais la trouver. C'est exactement l'attitude que j'adopte : je mobilise tout mon savoir de psychanalyste pour déceler une faille que, de toutes mes forces, je ne voudrais pas voir apparaître : la fracture psychique. Découvrir chez ce jeune homme une telle fracture, c'est-à-dire découvrir qu'il souffre d'une schizophrénie naissante, signifie pour lui et les siens le début d'un drame qui va durer peut-être toute une vie, une vie de martyre. Je dois vous dire qu'avec Joël, j'ai été très soulagé de constater qu'il souffrait non pas d'une psychose irréversible, mais d'une phobie, fût-elle sérieuse.

Maintenant, si vous m'interrogiez : « Mais comment avez-vous su qu'il s'agissait d'une névrose phobique et non d'une psychose latente ? », je dirais que je l'ai su en posant à Joël certaines questions simples mais précises. Quand je lui ai demandé par exemple :

– *Lorsque tu étudies, peux-tu te concentrer ?*, il m'a affirmé :

– *Oui, je n'ai pas de problème, mais quelquefois je piétine.*

J'ai alors insisté :

– *Mais les fois où tu n'avances pas et où tu dois faire un effort pour comprendre ce que tu lis, ressens-tu une douleur à la tête ? As-tu mal à la nuque ou en haut du dos ?*

Et là, il a dit :

– *Non, non.*

En entendant ce démenti, j'ai été rassuré. Si, par contre, Joël m'avait répondu qu'il devait se forcer pour se concentrer au point d'avoir mal à la tête, tout en me montrant le lieu de sa douleur ; eh bien, si ce garçon m'avait parlé ainsi de sa souffrance, c'eût été pour moi le premier soupçon d'une psychose naissante. Pourquoi ? Parce qu'un des premiers signes évocateurs de la formation d'une schizophrénie est la grande difficulté à se concentrer, doublée d'une douleur hypocondriaque, c'est-à-dire d'une douleur imaginaire, hallucinée, que le jeune patient localise fréquemment au niveau de la nuque ou en haut du dos.

Pour chasser mes doutes, je lui ai également demandé :

– *Quand tu te regardes dans la glace, as-tu parfois l'impression que ton corps s'est modifié, que ton visage n'est plus le tien, ou que ton nez s'est déformé ?*

– *Non, non !*

– *Et tes mains ? Est-ce qu'il t'arrive de sentir que tes mains ont changé ?*

– *Non*, m'a-t-il encore assuré. Si, au contraire, il m'avait dit : « Oui, quelquefois je regarde ma main et je la sens différente, comme étrangère à moi », cela aurait été l'indice d'une amorce de dépersonnalisation, premier pas vers un diagnostic de schizophrénie embryonnaire.

Si Joël avait répondu de cette façon, j'aurais dû m'adresser à ses parents et leur dire avec ménagement combien l'état de leur fils nécessiterait une attention accrue et qu'il me faudrait toute leur collaboration pour mener à bien la cure. En effet, la participation des parents est indispensable pour le traitement des jeunes patients psychotiques.

Voilà. Je vous ai donné un aperçu de ma manière de déceler une psychose. Mais vous imaginez bien que, dans la pratique quotidienne, je n'établis un diagnostic aussi délicat qu'après plusieurs entretiens.

Vous m'avez demandé le rôle que joue la psychanalyse dans le traitement des souffrances psychiques. Cela dépend du trouble mental qu'il faut traiter. Rappelez-vous la distinction que j'ai proposée entre deux types de souffrances : l'une dans laquelle l'appareil psychique a été déréglé mais préservé (névrose), l'autre dans laquelle il a été endommagé (psychose). Eh bien, la psychanalyse est certainement le traitement le plus efficace lorsque le fonctionnement psychique est resté intact, mais lorsque l'âme a été brisée, la cure analytique nécessite le complément d'un traitement médicamenteux et parfois d'une prise en charge institutionnelle. C'est ainsi que l'action combinée de la psychanalyse individuelle et familiale, de la médication et de l'hospitalisation, s'impose comme la meilleure stratégie thérapeutique pour ces patients jeunes ou adultes qui ont subi une douloureuse fracture psychique.

*

Comment choisir son psy ?

❑ *Le public fait souvent la confusion entre les différents « psy ». Comment distinguer un psychologue, un psychiatre et un psychanalyste ?*

Il est vrai que pour le profane la distinction entre ces trois professionnels n'est pas toujours facile. Je vous dirai que le psychologue est un universitaire ayant obtenu un diplôme de psychologie. Il peut exercer dans de nombreux secteurs comme l'école, l'entreprise, l'hôpital général ou psychiatrique, la prison, la maternité, la crèche, etc... Il peut aussi recevoir des patients dans son cabinet et pratiquer des cures suivant différentes méthodes thérapeutiques, dont la psychanalyse.

Le psychiatre, lui, est un médecin spécialiste qui soigne des patients psychotiques, dépressifs ou névrosés, dans un cadre institutionnel ou libéral. Il peut prescrire des médicaments ou choisir le traitement par la parole suivant les principes de la psychothérapie ou de la psychanalyse. J'ajouterai que d'autres personnes ayant suivi initialement des études supérieures sans rapport avec la psychologie peuvent ensuite se former à la psychanalyse et conduire des cures analytiques.

Mais que ce soient des psychologues, des psychiatres ou des praticiens venant d'autres horizons, ils ne peuvent exercer la psychanalyse qu'aux conditions suivantes : avoir mené à terme une analyse personnelle, avoir longuement étudié les textes fondateurs de la psychanalyse et référer leur pratique à un collègue aîné qui contrôle et garantit la qualité du travail avec les patients. Notez au passage que le psychanalyste est un des rares professionnels qui, durant les dix, voire les vingt premières années de son activité, présente chaque semaine à un superviseur un compte rendu détaillé des cures qu'il dirige. Bref, la psychanalyse est une pratique thérapeutique qui peut être exercée par un psychologue, un psychiatre ou tout autre professionnel ayant satisfait à ces trois conditions.

Je viens de dire que la psychanalyse est une pratique thérapeutique, mais attention, elle n'est pas pour autant une discipline médicale. Le psychanalyste est certainement un clinicien attentif aux symptômes psychologiques voire somatiques lorsque ceux-ci expriment un conflit pulsionnel, parce qu'il sait combien le corps est un remarquable résonateur de l'inconscient, mais il n'agit pas en tant que médecin. Il ne prescrit pas de psychotropes, bien qu'il en connaisse les indications. Sa connaissance des médicaments – fût-elle partielle – lui permet de parler un langage commun avec d'autres professionnels de la santé quand, par exemple, il suit la cure d'un analysant qui doit être hospitalisé. J'insiste, la psychanalyse n'appartient pas au domaine de la médecine, mais le nombre important de patients qui actuellement nous consultent tout en suivant un traitement médicamenteux nous oblige à nous tenir informés des dernières recherches psychopharmacologiques.

Or, au-delà de son action thérapeutique, la psychanalyse a toujours été traversée par de multiples courants culturels et sociaux, et, inversement, n'a cessé depuis cent ans d'influencer les divers cercles de l'art, de la littérature, de la philosophie et de la sociologie. Elle a définitivement marqué le secteur de l'éducation en permettant de mieux connaître la psychologie de l'enfant, et participé activement à la disparition des asiles psychiatriques, en reconnaissant au malade son statut de personne.

❑ *Mais quel est le trait commun à tous ces visages de la psychanalyse ?*

Je vous répondrai sans hésiter : l'inconscient. Tant qu'il y aura des hommes, il y aura de l'inconscient. Pourquoi ? Qu'est-ce que l'humain ? La singularité de l'être humain n'est pas qu'il parle, pense et rit, mais qu'il est impuissant à maîtriser les forces quelquefois bénéfiques, quelquefois nocives qui agissent en lui. Or ces forces qui nous échappent et qui vont au-delà de notre vouloir et de notre savoir conscients portent le nom d'inconscient.

Eh bien, le propre de la psychanalyse est de s'occuper de l'inconscient lorsque l'inconscient nous fait souffrir, c'est-à-dire lorsque le décalage entre ce que nous sommes et ce qui nous échappe nous rend malheureux.

❑ *Vous évoquiez le formidable rayonnement de la psychanalyse, mais qu'en est-il de ses limites ?*

Je vous rappelle avant tout que Freud définissait la psychanalyse comme un procédé d'investigation de la vie psychique, une méthode thérapeutique et la théorie qui en découle. De ces trois facettes, c'est surtout l'aspect thérapeutique qui révèle le mieux les succès et les limites de la psychanalyse. J'ai la satisfaction, comme nombre de collègues, d'avoir traité beaucoup de patients dont les troubles souvent graves se sont définitivement estompés. Combien de lettres ai-je reçues d'anciens analysants m'annonçant un mariage qui paraissait impensable, la naissance de l'enfant tant désiré, et maints autres témoignages de l'efficacité de la cure analytique ! Incontestablement, la psychanalyse est un excellent moyen d'apaiser la souffrance, mais comme toute technique elle est contraignante pour celui qui s'y soumet.

❑ *Quelles contraintes ?*

Des contraintes qui suscitent fréquemment trois grands reproches : « La psychanalyse est un traitement *long*, *cher* et *douloureux*. » En effet, une cure analytique peut durer plusieurs années, mais cela dépend de la relation du thérapeute avec son analysant. Personnellement, je pratique des cures d'adultes qui peuvent durer de deux à trois ans. Quand les patients consultent en couple pour des problèmes de vie commune, je fixe à l'avance un calendrier de séances réparties sur une période d'environ six mois. S'il s'agit d'un enfant, je préfère limiter au maximum le nombre d'entretiens et éviter ainsi que le petit patient ne s'installe dans une dépendance excessive qui viendrait se substituer à la nécessaire dépendance familiale. La cure d'un enfant – lorsqu'elle est indiquée – dure en moyenne entre six mois et deux ans, selon la gravité des symptômes.

Le second grief contre l'analyse concerne son coût. À cet égard, je sais qu'entreprendre un traitement réclame un effort financier important. Bien que nos honoraires soient souvent adaptés aux possibilités du patient, il n'en reste pas moins que le budget consacré à une cure comportant deux séances par semaine est parfois lourd. Mais une telle dépense compte relativement peu par rapport aux enjeux vitaux pour lesquels on engage une thérapie : conduites d'échec, troubles sexuels, crise du couple, relations dramatiques avec un enfant, dépression, etc... Il faut comprendre que l'analyse est quelquefois l'ultime recours d'un sujet désespéré et que l'issue de la cure devient pour lui un pari crucial. En outre, n'oublions pas que des personnes sans ressources peuvent bénéficier d'un traitement psychanalytique dans le cadre d'un dispensaire ou de diverses institutions ouvertes.

Enfin, la dernière critique porte sur le caractère douloureux du traitement. Il ne fait pas de doute que l'analysant traverse des périodes d'intense émotion et qu'il lui arrive de quitter notre cabinet bouleversé. Indiscutablement, l'analyse comporte des phases de reviviscence parfois douloureuses mais, vous l'imaginez bien, personne ne supporterait un traitement dont toutes les séances seraient pénibles. Disons aussi que nous partageons avec le patient des moments heureux, où il nous arrive parfois de rire ensemble, des moments au cours desquels il prend plaisir à reconstruire son histoire, à mesurer les progrès réalisés et à se projeter dans le futur.

❑ *Si le lien entre patient et thérapeute est tellement fort et intime, le choix de l'analyste devient primordial. Dès lors, quels conseils donneriez-vous pour trouver la bonne adresse ?*

C'est une question qu'on me pose souvent. Quand on mesure l'intensité de l'engagement que signifie une analyse, il faut en effet accorder au choix du praticien le plus grand soin. Comment procéder alors pour élire le thérapeute qui nous conviendra le mieux ?

Commençons par dire ce qu'il ne faut pas faire, à savoir : orienter son choix en se référant aux différentes écoles psychanalytiques. Dans tous les groupes il existe de bons et de mauvais praticiens. Je puis être critique vis-à-vis d'un courant et pourtant y reconnaître la présence de cliniciens de valeur. À mes yeux, les qualités personnelles du thérapeute sont infiniment plus importantes que l'école à laquelle il appartient.

Hormis cette réserve, quel est donc le meilleur critère pour choisir un psychanalyste ? Je dirai que la voie à suivre, c'est tout simplement d'aller consulter l'analyste qui vous a été recommandé et – ce qui est capital – d'évaluer les effets sur soi de la toute première rencontre. Peut-être sera-t-il nécessaire de consulter deux ou trois thérapeutes avant de prendre une décision, mais pas plus ; il faut éviter de faire comme certains qui voient jusqu'à huit praticiens ! C'est très préjudiciable, car à la troisième ou quatrième tentative le patient s'habitue au récit de son histoire et y devient insensible. Il perd la spontanéité et l'inquiétude pourtant si propices à la réussite du premier entretien.

Le meilleur critère de choix, c'est donc l'impression que je retire, moi, futur patient, à l'issue de ma première visite chez un psychanalyste. Il faut que je me sente soulagé et confiant en constatant qu'il a su trouver les mots pour me dire clairement ce que je ressentais confusément. Voilà qui déterminera le choix du thérapeute : la secrète conviction qu'il m'a compris et qu'il est prêt à m'accompagner ; en un mot, le sentiment que le praticien que je viens de rencontrer m'a d'emblée fait du bien. Ainsi, en sortant de la première consultation, le patient se dit à lui-même : « *Je me sens déjà mieux. Cet analyste m'a redonné espoir et insufflé la force dont j'ai besoin en ce moment.* » Le patient ne se dit pas : « *C'est lui ou c'est elle que je vais choisir* », mais tout simplement : « *J'ai envie de revenir parce que je pressens que c'est avec lui, ou avec elle, que le cours de ma vie va changer.* »

Or, pour favoriser cet état de confiance, il est préférable que le thérapeute intervienne dans les dernières minutes de la séance initiale. À cet effet, je conseille toujours à mes élèves de conclure le premier entretien en communiquant au patient le sens profond de ce qu'on a écouté. Il est indispensable, avant la fin de la première séance, de reformuler en des termes différents l'essentiel de la plainte que l'on vient d'entendre. En effet, nous devons montrer au patient que sa manière d'interpréter sa souffrance n'est peut-être pas la plus adéquate et qu'il existe un autre abord possible. Cette parole finale de l'analyste est selon moi la meilleure façon d'accueillir celui qui consulte, et partant, d'amorcer une relation transférentielle féconde.

Bref, le meilleur critère pour trouver son psychanalyste est d'éprouver dès le premier contact le désir confiant de renaître.

❑ *Mais la psychanalyse est-elle une méthode valable pour tous ? Qui est analysable et qui ne l'est pas ? Et pourquoi ?*

Le thème que vous soulevez, celui de l'« analysabilité », a souvent passionné la communauté analytique. Aujourd'hui, je vous dirai l'essentiel de ma position. Avant tout, sachez que la psychanalyse n'est pas une méthode applicable à tous ; autrement dit, tout le monde n'est pas analysable. Quelles sont alors les conditions de l'analysabilité, je veux dire quel est le profil de la personne susceptible de bénéficier du traitement psychanalytique ? Eh bien, pour être analysable, plusieurs conditions sont nécessaires. D'abord, l'homme, la femme ou l'enfant qui consulte doit être un sujet qui souffre au-delà du supportable, et se plaint. La plainte est capitale.

Ensuite, c'est quelqu'un qui se demande pourquoi il est tourmenté à ce point. Cela paraît élémentaire, mais c'est décisif. Être analysable signifie se questionner : « *Pourquoi je souffre ? Pourquoi vais-je si mal ?* » Et essayer de s'apporter à soi-même une réponse. La troisième condition, c'est justement cette tentative d'expliquer son mal-être.

Souffrir, s'interroger sur la cause de sa souffrance, et tenter d'y répondre, voilà les conditions indispensables pour engager une analyse. Mais d'autres conditions sont aussi nécessaires. Il faut encore que celui qui consulte croie que l'analyste détient la clé de son problème. Cette croyance est fondamentale, car elle est synonyme d'espoir et, nous le savons, l'espoir est une des forces qui animeront la cure jusqu'à l'apaisement de la douleur. D'un point de vue théorique, Lacan a synthétisé cette confiance accordée à l'analyse et à l'analyste en une formule éloquente : « *Sujet-supposé-Savoir* ». Expression que nous traduisons ici par : « *Analyste-supposé-Savoir* », c'est-à-dire un analyste que l'on croit suffisamment compétent pour nous aider à trouver une issue. Le patient attend sa guérison d'un analyste auquel il attribue le pouvoir de l'y amener. Attendre, c'est déjà croire à une fin heureuse. Tout est là, croire que le thérapeute saura répondre. Voyez-vous, c'est seulement à partir de la promesse de ma guérison – promesse qu'en fait l'analyste n'a jamais formulée, mais que j'imagine être la sienne – que pourra débuter la cure.

La dernière condition d'analysabilité peut vous étonner : il s'agit de l'angoisse. En effet, même si cela vous paraît curieux, il faut que celui qui consulte hésite à se confier et craigne de s'engager dans l'analyse. Oui, il faut l'angoisse et la peur de se livrer. Autrement, l'action analytique n'a aucune chance d'être efficace.

Je m'explique en vous proposant l'exemple d'un premier rendez-vous où justement cette peur a manqué. Récemment, je reçois un homme d'affaires connu, d'une quarantaine d'années, très élégamment vêtu, se rendant à mon cabinet dans une limousine conduite par son chauffeur. Sitôt dans la salle d'attente et sans la moindre gêne, il se sert bruyamment de son portable. Ensuite, lorsqu'il entre dans mon bureau d'un pas très assuré, il s'installe dans le fauteuil avec l'aisance quelque peu arrogante de celui qui ne craint rien. Sur un ton d'égal à égal, comme s'il traitait une affaire, ce patient sollicite des conseils pratiques. Une des premières paroles que je lui ai alors adressées a eu pour but de le resituer dans le cadre de notre relation et lui demander de ne plus utiliser son téléphone dans la salle d'attente : « *La prochaine fois, lorsque vous aurez à attendre, je préfère que vous vous asseyiez et que vous vous recueilliez. Quand vous franchirez la porte d'entrée, je vous demande de vivre ce lieu comme le lieu de votre temps intérieur, comme si vous traversiez le seuil non plus d'un cabinet mais d'un rêve. Comme si vous rêviez. Imaginez que c'est le moment où vous vous couchez et les lumières s'éteignent. Eh bien, c'est cet instant, ce temps infime du passage de la veille au sommeil, que je voudrais vous voir revivre ici. Aussi, quand vous arriverez la prochaine fois, installez-vous tranquillement dans la salle d'attente et tentez de vous recueillir.* » Bien entendu, j'ai formulé ces remarques sur un ton cordial et respectueux, et il les a bien reçues parce que, vraisemblablement, c'est cet acte d'autorité qu'il recherchait. En venant me voir, il attendait, sans le savoir, que quelqu'un parle à l'enfant en lui, et ce, au-delà de toute relation de prestance.

Vous avez déjà compris que l'absence d'angoisse, je veux dire l'attitude désinvolte de ce patient le rendait de prime abord difficilement analysable. C'est pourquoi je lui ai proposé un calendrier limité de séances, sans l'inviter à s'étendre sur le divan. Je m'attends d'ailleurs à ce que, d'ici quelques rencontres, il m'interroge : « *Docteur, pourquoi ne m'avez-vous jamais demandé de m'allonger sur le divan ?* » Je lui répondrai alors qu'il faut patienter et que l'indication du divan dépendra de l'évolution de nos entretiens. Car pour s'allonger, une certaine capacité de retour sur soi est nécessaire. Il faut être prêt à rentrer en soi-même et percevoir les pulsations de sa vie intérieure. Nombreux sont ceux qui ne savent pas ou ne peuvent pas se recueillir et restent en permanence tournés vers l'extérieur. Ce saut en soi est un exercice très difficile pour ces hommes ou femmes d'action, alors que d'autres patients, manifestement plus angoissés, savent mieux s'interroger. Pour ces sujets, conscients de leur mal-être, le divan reste assurément le moyen thérapeutique le plus efficace.

À propos des personnes qui s'adressent à un psychanalyste, je voudrais rappeler qu'elles sont pour la plupart motivées par leur malaise et non par le désir de faire une analyse. C'est une erreur de croire que ceux qui nous consultent demandent explicitement une cure analytique. Ils sont avant tout soucieux de se défaire de leur mal-être et ne s'inquiètent pas de savoir si la méthode utilisée s'appelle psychothérapie ou psychanalyse ; ce qu'ils veulent, c'est ne plus souffrir. Après les premiers entretiens, il revient au psychanalyste d'adapter sa technique aux particularités de chaque patient.

J'aimerais ici conclure avec une phrase limpide de Lacan : « Ce que l'on nous demande, il faut l'appeler d'un mot simple, c'est le bonheur. »

*

Aimance ou le besoin de dépendance

❑ *Il est une autre critique qu'on adresse à la psychanalyse, celle de créer et d'entretenir la dépendance du patient.*

Mais une analyse ne saurait se dérouler sans une relation de dépendance ! Il faut que le patient ait envie de venir à ses séances et de livrer son intimité au thérapeute, autrement le traitement n'aurait aucune chance d'aboutir. Je sais que, dans l'opinion courante, dire de quelqu'un qu'il est dépendant a une connotation péjorative, mais dans une relation analytique la dépendance du patient est, au contraire, positive, nécessaire et je dirais même, incontournable. Pourquoi incontournable ? Parce qu'il est impossible à un analysant d'exposer sa part la plus secrète, sans s'attacher à celui qui l'écoute. Et il s'y attache d'autant plus vigoureusement que le praticien est la personne qui lui apprend à rencontrer l'étranger en lui-même. Lorsque quelqu'un nous aide à rentrer en nous-même et y découvrir une émotion oubliée, il est fatal de l'aimer. Bref, si un être se confie régulièrement à un autre, il finit par s'y attacher. Voilà ce que je voulais vous faire sentir : le phénomène de dépendance est indissociable de la haute teneur affective du lien analytique.

J'ajouterai cependant une remarque importante : toute dépendance affective, qu'elle soit analytique ou non, répond à un besoin primaire d'attachement. En effet, notre corps a toujours faim d'un autre corps et notre âme, soif d'une autre âme. Immatures, nous l'avons tous été et sommes tous passés par la dépendance vitale à la mère nourricière. Dès notre plus jeune âge, nous sommes animés par l'impérieuse nécessité de nous attacher à quelqu'un, de nous lier à ceux – peu nombreux – auxquels nous attribuons la force d'une autorité protectrice. Comme si nous étions toujours mus par une saine pulsion de parasitisme, par une propension à nous emparer d'un autre, à lui conférer un pouvoir tutélaire, nous y attacher et nous servir de lui pour exercer nos facultés d'aimer, de haïr ou de craindre. Notre vie est jalonnée de ces quelques élus – parents, professeurs, amis, conjoint, enfants, ... analyste – dont nous dépendons parce qu'ils nous laissent les aimer, les haïr, ou les craindre. Cette force qui nous incite à dépendre d'un autre, cible de nos émotions, je l'appelle : *besoin de dépendance*, *pulsion d'attachement* ou, plus poétiquement, ***aimance***. Dans ce terme *aimance*, je condense les mots « aimer » et « tendance » pour désigner la force qui nous pousse dans les bras de notre partenaire jusqu'à en dépendre. Il me revient maintenant à l'esprit l'aveu spontané d'une jeune analysante qui s'exclamait : « *Je sens en moi un trop-plein d'amour qui ne demande qu'à se déverser sur celui dont je ferai mon maître !* »

Que de fois m'est-il arrivé, en écoutant un patient lors du premier rendez-vous, de mesurer l'intensité de son aimance. Au-delà de ses paroles, je l'entendais tacitement m'interroger : « Êtes-vous disposé à vous laisser aimer, haïr ou craindre ? Puis-je vous idéaliser ? Acceptez-vous d'être encensé un jour et maltraité le lendemain ? Êtes-vous prêt à vous glisser dans mes fantasmes et y tenir un rôle ? » Incontestablement, celui qui nous sollicite est mû par un insatiable besoin de trouver un destinataire sentimental et s'y attacher.

Mais je vous ai dit également que la dépendance affective était nécessaire à la réussite du traitement, car elle rend le patient plus réceptif aux interventions du praticien. Si l'analysant n'était pas dépendant, je veux dire, s'il n'idéalisait pas le thérapeute comme un aîné indéfectible, il ne se sentirait pas suffisamment en confiance pour laisser jaillir son inconscient.

Cela étant, le phénomène spontané de la dépendance doit être maîtrisé par l'analyste, aussi bien dans son intensité que dans la durée. En effet, si la dépendance devenait trop fusionnelle ou si le traitement s'éternisait, j'en déduirais que le thérapeute n'a pas su diriger la cure, c'est-à-dire garder la bonne distance avec son analysant pour éviter de glisser dans une relation tant passionnelle qu'interminable. Bien sûr, de tels échecs peuvent survenir, mais, heureusement, ils sont peu fréquents. En dehors de ces impasses, il n'en demeure pas moins que la dépendance du patient, convenablement orientée par l'analyste, est le préalable obligé à toute guérison.

❑ *Cet attachement à l'analyste, c'est cela le transfert ?*

Tout à fait. Le transfert désigne l'ensemble des affects tendres et hostiles qui lient un patient à son thérapeute. Au fil des séances, l'analysant peut aimer son analyste, se sentir protégé par lui, quelquefois le rejeter, parfois le désirer sexuellement, l'inclure dans ses fantasmes ou en rêver, et d'autres fois encore, il peut même s'angoisser, craignant que le thérapeute ne se fâche ou l'abandonne. Tous ces sentiments expriment le besoin de dépendance et naissent dans le sillage d'une parole intime et régulière.

J'ai souvent imaginé que le psychanalyste était un *attracteur de sentiments*, une sorte de « portemanteau » à visage humain appelant le patient à satisfaire son besoin de dépendance, à y suspendre ses « vêtements affectifs ». D'autres fois, m'est apparue l'image amusante qu'il était comme un punching-ball, sur lequel l'analysant s'exercerait à coups redoublés d'amour et de haine. Eh bien, le transfert, c'est cela : s'attacher à un analyste qui s'offre comme cible de l'amour et de ses avatars.

❑ *Et le professionnel le supporte-t-il ?*

C'est là son métier ! Dans la mesure où il est bien installé dans sa fonction de thérapeute, il peut encaisser les coups sans être ébranlé. Être bien installé dans sa fonction, c'est se rappeler toujours qu'il n'est pas aimé ou détesté pour ce qu'il est, mais pour ce qu'il représente. Ce n'est pas pour notre beauté ou notre esprit que le patient nous aime, ni pour notre méchanceté qu'il nous hait. Sans doute, sommes-nous sensibles aux manifestations de sympathie et d'antipathie, mais nous savons qu'elles sont inspirées par le rôle que nous assumons et non par notre personne.

Néanmoins, je reconnais que tout ne relève pas du transfert. Les qualités humaines de l'analyste comptent aussi. Selon leur personnalité, certains collègues, par exemple, induisent plus facilement un transfert paternel, et d'autres, un transfert maternel. D'aucuns sont plus enclins, de par leur histoire individuelle, à traiter tel type de patient ou telle forme de souffrance.

❑ *Mais pourquoi ce mot de « transfert » ?*

Dans le langage courant, et je pense ici au titre du film *Mortel Transfert*, ce mot signifie, comme je viens de vous le proposer, *attachement profond à un thérapeute idéalisé*. Je vous raconte au passage que dans l'histoire cocasse de ce film, la patiente est assassinée... et paye de sa vie son amour transférentiel !

Mais pour revenir à votre question, le terme de « transfert » a une autre acception plus technique. Il a été introduit par Freud pour indiquer que l'amour-haine d'un patient pour son thérapeute résulte d'un *déplacement* de sentiments, du passé vers le présent. Les sentiments demeurent les mêmes, mais ils se reportent d'une figure de l'enfance sur la personne du praticien. Par exemple, telle analysante croit aimer son analyste, mais elle ignore qu'en réalité elle aime un personnage de jadis que son analyste représente. Vous le voyez, l'analysante se trompe d'époque : elle prend le présent pour le passé ; et elle se trompe de personne : elle prend l'analyste pour son père, son frère ou toute autre figure d'autrefois. « Transfert » veut donc dire *illusion*, l'illusion de croire qu'aimer son psychanalyste est un vécu nouveau alors qu'en vérité, il est la réapparition d'un premier vécu oublié.

Bref, le transfert n'est donc pas seulement l'expression d'un besoin de dépendance, il est aussi la résurgence des sentiments du passé. L'être humain, animé par son *aimance*, a l'instante nécessité de s'attacher à quelqu'un et de reproduire avec lui une relation complexe faite d'amour, de haine, de désirs et de peur. Transférer consiste donc en ceci : projeter un amour ancien sur une personne dont nous voulons dépendre. Aussi le transfert naît-il d'un besoin de dépendance doublé d'un retour du passé.

Ceci dit, ne croyez pas que le transfert se manifeste exclusivement dans la relation psychanalytique, c'est un phénomène inhérent à toute liaison affective.

❑ *Vous voulez dire que chaque fois que nous aimons ou haïssons, nous transférons ?*

Exactement ! Tous les sentiments voués à nos proches par exemple, résultent d'un transfert instinctif de nos émois infantiles et adolescents. Dès lors, une question se pose : quelle différence y a-t-il entre le transfert avec nos proches et le transfert spécifique avec le thérapeute ? Pour répondre, j'insisterai sur le caractère spontané du phénomène transférentiel : dans la plupart de nos rapports affectifs – analytiques ou non –, nous transférons sans le savoir. Ainsi, quand une femme est amoureuse d'un homme, elle ne se rend pas compte qu'elle l'aime de la même manière, bonne ou mauvaise, qu'elle aimait... sa propre mère. De même, quand un patient se sent en phase avec son psychanalyste, c'est tout aussi inconsciemment qu'il s'y attache. Mais la différence entre le transfert ordinaire et l'analytique, consiste en ceci : nos transferts ordinaires, nous les vivons en toute innocence – et c'est heureux qu'il en soit ainsi ! –, tandis que le transfert analytique est explicité par le praticien. Justement, tout l'art du psychanalyste est de dévoiler le transfert, en montrant à l'analysant que ses réactions affectives en séance sont les répliques d'anciennes attitudes infantiles.

❑ *En fin de compte, tout viendrait du passé et, comme on dit, « se jouerait » avant l'âge de six ans ?*

Ce n'est pas une bonne formulation car elle laisse entendre qu'après l'enfance, la vie ne serait que la répétition mécanique de ce qui a été. À quoi servirait une analyse si tout était ainsi réglé d'avance ? Non, les événements majeurs de l'enfance ne déterminent pas un homme, ils ne font qu'infléchir son chemin. Sans doute, les premières années sont-elles les plus décisives, mais bien des faits survenant à l'adolescence et à l'âge adulte peuvent changer le cours d'une vie.

Quand je vous dis que le travail du psychanalyste est de révéler au patient la puissance souveraine du passé, ne croyez pas qu'il fait de l'histoire. Il n'est pas historien. C'est l'immédiateté du présent qui l'intéresse et c'est pourquoi il interroge le passé, pour mieux saisir le présent. En un mot, ce qui compte pour un psychanalyste, c'est d'assister « en direct » à la reviviscence d'un souvenir essentiel. Rappelez-vous le cas de Léa. Ses symptômes se sont résorbés à partir du jour où elle a revécu intensément un abandon qui, jusque-là, l'avait laissée impassible. Voilà notre but : faire jaillir ici et maintenant l'inconscient de l'autre, c'est-à-dire ranimer une scène traumatique du passé et conduire le patient à la revivre pleinement. La scène retrouvée sera alors plus éclatante que l'originale.

❑ *Si ce but est atteint, l'analyse est alors terminée ?*

Globalement, oui. Au fur et à mesure que l'analysant revit les conflits du passé, la cure, en effet, s'achemine vers sa fin. Par ailleurs, c'est pendant cette période finale que le patient se détache du psychanalyste en se rendant compte que ce n'est pas la personne du praticien qu'il aime, mais le rôle qu'il lui a assigné.

On peut donc résumer l'action du psychanalyste en deux temps. D'abord, dans une première étape plus ou moins longue, le thérapeute assume le rôle d'attracteur de sentiments, suscite le transfert et favorise la reviviscence des affects endormis du patient. Puis, dans un deuxième temps, vers la fin du traitement, une fois la reviviscence accomplie, il dévoile l'origine du transfert, amenant l'analysant à se séparer de lui. Lorsque je vous disais que le praticien maîtrisait la dépendance, je pensais justement à son aptitude à éveiller le transfert pour ensuite le dissoudre, ou, si vous préférez, à entretenir la dépendance pour ensuite la supprimer.

❑ *Auriez-vous un exemple ?*

Je songe à l'une de mes analysantes, alors bien avancée dans sa cure, et dont le problème majeur était un conflit douloureux avec les hommes, en particulier avec son père. Un jour qu'elle était furieuse envers moi, comme cela lui arrivait parfois, je me souviens lui avoir dit : « *Vous êtes en colère, exactement comme vous l'étiez, adolescente, contre votre père. Mais je ne suis pas votre père. Vous devez maintenant le rencontrer en vous, vous confronter à l'image que vous avez de lui et à l'image de vous-même, jeune, en sa présence. Faites-le revivre et revivez avec lui votre attachement, votre rancœur et votre culpabilité. Si vous y parvenez, vous vous réconcilierez avec lui, et serez soulagée.* » Aussitôt après mon intervention, la patiente se mit à pleurer et fut prise d'un accès de haine et de culpabilité. À la séance suivante, elle avait si manifestement changé d'attitude à mon égard qu'elle me semblait prête à modifier son comportement avec les hommes en général. À partir de cette séance, nous sommes entrés dans la phase finale de l'analyse, caractérisée par un détachement intérieur qui la déliait de moi, et par la rencontre heureuse avec celui qui deviendra son compagnon.

Pourquoi mon intervention a-t-elle été efficace ? En dévoilant le transfert, c'est-à-dire en lui rappelant que je n'étais pas son père, j'ai amené la patiente à *recentrer* sa haine sur son véritable objet – la figure paternelle –, à la *ressentir* pleinement au fond d'elle-même et à *s'en délivrer* enfin. C'est ainsi que sa colère a pu céder la place à une tristesse sereine.

*

La solitude de l'homosexuel, « l'amer délice » des homosexuelles

❑ *Vous recevez des gens très différents avec des motifs de consultation extrêmement divers. Quel est, d'après vous, le principal malaise de notre époque ?*

Les motifs de consultation ne sont pas aussi divers que vous le pensez. Au fond, ils se limitent aux principaux chapitres de l'existence : les troubles sexuels, les conflits familiaux et les problèmes relationnels au sein du travail. Si nous considérons les symptômes pour lesquels on nous sollicite, nous trouvons avant tout les peurs des patients phobiques, le découragement des déprimés, les liaisons passionnelles et tourmentées des hystériques et enfin, les pensées torturantes de l'obsessionnel.

Mais quand vous me demandez de cerner le malaise social de ce début de siècle, je réponds que c'est sans conteste la question préoccupante de l'identité masculine. De façon flagrante, le problème majeur et qui risque encore de s'aggraver est la perte progressive des repères définissant la virilité. Voilà une des grandes souffrances que je rencontre quotidiennement : beaucoup d'hommes consultent pour impuissance sexuelle, éjaculation précoce et, plus globalement, pour des difficultés à trouver leur place de partenaire dans le couple, de père dans la famille ou de patron dans l'entreprise.

Depuis le déclin de l'autorité paternelle amorcé dans les années soixante-dix jusqu'à nos jours où nous voyons poindre une biotechnologie permettant de procréer en se passant du sexe masculin, et simultanément, disparaître la transmission automatique du nom du père aux enfants, l'homme est douloureusement déstabilisé dans son être viril. Il ne se sent plus appartenir à la communauté masculine et ne trouve plus de modèle social auquel s'identifier. Traditionnellement, dans la société patriarcale, les hommes représentaient les valeurs d'autorité et de combativité, tandis que les femmes incarnaient le foyer et tenaient le rôle de mère et d'épouse qui soutient et accompagne. En acquérant une légitime autonomie professionnelle et financière, les femmes ont irréversiblement bousculé ce schéma et nous avons dû, et devons encore, repenser entièrement l'organisation sociale. À l'heure où je vous parle, nous sommes nombreux à constater ces mutations, mais nous en ignorons totalement les conséquences. Qu'en sera-t-il demain de l'espèce humaine ? Les deux sexes continueront-ils à unifier leur comportement, le mâle à se déviriliser et la femelle à se déféminiser ? Quelles formes revêtira la relation d'un homme et d'une femme dans les années 2090 par exemple ? Mystère ! C'est une énigme troublante de deviner quels liens inédits inventeront hommes et femmes pour s'aimer et vivre ensemble.

Mais en dehors des remaniements profonds de l'identité masculine, ce qui est sûr aujourd'hui, c'est l'avènement d'un regard nouveau sur la sexualité. Et mon expérience le confirme. Par exemple, quand j'ai commencé mon activité d'analyste, je recevais des homosexuels qui me demandaient de cesser de l'être. Je n'oublie pas que ma première patiente sur le divan souffrait de son lesbianisme. À cette époque – j'étais très jeune –, je savais déjà que transformer un homosexuel en hétérosexuel était inconcevable. Il est impossible, en effet, de changer une identité sexuelle affirmée. Or, de nos jours, un homosexuel ne vient plus pour « guérir de son inclination », mais pour de tout autres motifs.

On sait combien la communauté gay a su se faire reconnaître et occuper une place non négligeable dans le paysage social, en particulier lors des campagnes de prévention contre le sida. En peu de temps, en vingt ans de luttes, le mouvement homosexuel a conquis des droits inimaginables avant 1980. S'il est vrai que l'homophobie demeure, elle est incomparablement moins virulente qu'il y a quelques années. Sans doute la représentation sociale de l'homosexualité s'est-elle modifiée radicalement.

❑ *L'homosexualité n'est plus considérée comme une maladie ?*

Non. L'homosexualité n'est ni une perversion ni une maladie, mais une modalité propre de l'amour, une manière particulière d'aimer et de se sentir aimé. Comme je vous le disais, l'homosexuel vient nous consulter parce qu'il souffre et il souffre d'un trouble grave, celui de la solitude. Il y a quelque temps, j'ai reçu Roger, un jeune homme, très cultivé, haut fonctionnaire d'une grande administration. Il m'a confié ceci : « *Docteur, je suis homosexuel. Mes parents l'ignorent, seule ma grande sœur partage mon secret. Je me sens malheureux car je suis désespérément seul. Je ne réussis pas à vivre en couple.* » Voilà le drame de l'homosexuel d'aujourd'hui : sa solitude affective. Bien qu'intégré socialement, il reste irrémédiablement solitaire. Le problème, pour lui, n'est pas tant d'affirmer son identité sexuelle que d'accéder à l'amour dont chacun de nous a besoin. On sait que si un homosexuel veut satisfaire un désir purement physique, il le peut à tout moment. Il lui suffit de fréquenter les lieux de rencontres qu'il connaît bien – saunas, toilettes de cafés, certains jardins ou cinémas – pour trouver rapidement un partenaire occasionnel et obtenir un orgasme masturbatoire furtif. Mais l'affection, la tendresse, lier sa vie à celle d'un compagnon qu'il aime, se brosser les dents dans la même salle de bains, faire des courses ou voyager ensemble, bref, vivre au quotidien, tout ceci lui manque et il en souffre comme d'une plaie vive. Ce contraste douloureux entre une hyperactivité sexuelle et l'instabilité des sentiments amoureux explique sans doute la précarité du couple chez les jeunes gays. Seuls les hommes d'un certain âge s'installent durablement dans une vie commune nourrie d'échanges et de projets partagés.

❑ *Mais comment la psychanalyse explique-t-elle l'homosexualité en général ?*

Il n'y a pas d'homosexualité en général ! Attention, je ne vous parle que de l'homosexualité masculine ; l'univers des femmes lesbiennes est d'une tout autre nature. Pour m'en tenir à la seule problématique masculine, je vous dirai d'abord que tous les hommes sans exception ont des penchants homosexuels et que les jeux sexuels entre garçons, si fréquents à la puberté, sont des conduites exploratoires parfaitement normales. C'est seulement lorsque ces penchants se fixent en un choix sexuel définitif que nous pouvons parler d'homosexualité. En général, cette fixation a lieu vers l'âge de 18-20 ans.

J'en profite pour vous rappeler qu'à la base nous sommes tous bisexuels ! La bisexualité est une disposition innée de l'être humain, tant au niveau physique que psychique. Cependant, gardons-nous de confondre cette bisexualité constitutive avec la pratique bisexuelle. Une chose est de savoir que chacun de nous recèle une part masculine et une part féminine ; une autre, bien différente, est de faire l'amour indistinctement avec l'un ou l'autre sexe. D'après mon expérience clinique, l'activité bisexuelle n'est pas le reflet de la bisexualité naturelle, mais bien l'expression d'une homosexualité. J'irai même jusqu'à affirmer qu'un homme ayant indifféremment des rapports sexuels avec des partenaires masculins et féminins demeure au fond de lui-même homosexuel ; je veux dire que ses pulsions les plus enracinées ne se satisfont véritablement qu'au contact charnel d'un corps viril.

À ce propos, je me souviens de Jacques qui, après avoir vécu dans sa jeunesse une passion homosexuelle, a épousé la femme qu'il aimait et est devenu un père comblé. Cependant, contre toute attente, malgré quinze ans d'une paisible hétérosexualité, il a quitté sa famille entraîné par un irrépressible désir de vivre avec un compagnon. Somme toute, les pulsions homosexuelles ont triomphé de l'éclectisme bisexuel.

Je vous ai dit que l'homosexualité n'était ni un vice ni une perversion et on ne saurait la qualifier de maladie. Pour nous, l'homosexuel est avant tout un être foncièrement narcissique, c'est-à-dire passionnément attaché à son corps, à son image et à l'organe mâle, tant au sien qu'à celui de son partenaire. Mais, attention, ne voyez pas dans cet égocentrisme un amour de soi serein et complaisant. Au contraire, le narcissisme de l'homosexuel le fait beaucoup souffrir. C'est un narcissisme exacerbé, cruel, qui le rend fragile et hyperémotif : il est parfois si sûr de lui qu'il devient intransigeant et agressif ; d'autres fois, il se dévalorise tellement, qu'il sombre dans l'isolement et le chagrin.

Ceci étant, comment expliquons-nous l'homosexualité masculine ? La psychanalyse considère que l'homosexualité a été provoquée par un arrêt de l'évolution sexuelle du garçon, dû à un débordement de tendresse maternelle qui submerge l'enfant. La tendresse excessive de la mère pour le fils – cherchant souvent à compenser l'absence du mari – fige l'enfant immature dans un trop-plein de plaisir qu'il ne peut que subir. Sans doute, il est des tendresses étouffantes, celle de la mère du futur homosexuel en est un exemple. Plus tard, le garçon, devenu jeune homme, fortement imprégné par le plaisir de jadis, cherchera impérieusement à retrouver la même volupté et le même bonheur. Une telle quête de sensualité devient pour lui si omniprésente, qu'elle modèle son corps et lui impose une manière d'aimer.

Mais ce qui est notable, c'est que le raffinement de l'homosexuel, ses goûts et ses choix affectifs sont dictés par une scène imaginaire qui l'habite en permanence, sans qu'il s'en aperçoive toujours. Plutôt qu'une scène aux contours définis, il s'agit d'une image floue, non consciente, incluant deux personnages principaux, lui enfant, et sa mère l'enveloppant d'une sensuelle étreinte. Je vous répète que ce fantasme incestueux, bien qu'inconscient, décide de l'orientation sexuelle du jeune homme. Je conçois votre étonnement : une scène imprimée dans l'enfance et restée enfouie, est rejouée par le sujet sans qu'il le sache, dans le théâtre de sa vie amoureuse !

❑ *Mais en quoi cette scène est-elle un fantasme homosexuel ?*

Comprenez d'abord que dans cette fiction, la mère joue le rôle d'une femme séductrice et le garçon, celui d'un enfant séduit. Or, il arrive que, sans s'en rendre compte, l'homosexuel projette ce fantasme dans la réalité de son couple. Il joue et fait jouer à son compagnon indifféremment chacun des rôles, mère et fils. S'il tient le rôle de la femme séductrice, son partenaire aura celui de l'enfant séduit ; et inversement. La mise en acte de ce fantasme de séduction incestueuse explique pourquoi certains homosexuels cherchent des partenaires qui ressemblent à l'enfant qu'ils étaient. Ainsi, en aimant son compagnon, l'homosexuel s'aime lui-même comme sa mère l'a aimé.

Je dois encore vous préciser que la séductrice du fantasme n'est pas la vraie mère de l'homosexuel ni même son image, mais le personnage qu'il s'est inventé à partir de la personne réelle de sa mère. Il s'agit d'une figure ambiguë et dominatrice, mi-maternelle, mi-virile, que les psychanalystes appellent « mère phallique ». C'est à cette représentation phallique de la mère séductrice que l'homosexuel s'identifie ou identifie son partenaire.

Un dernier mot pour évoquer une explication complémentaire sur l'origine de l'homosexualité. C'est un point de vue centré non pas sur la mère, mais sur le frère, c'est-à-dire sur le semblable. Je la résumerai en une recommandation destinée aux thérapeutes : « Devant un patient homosexuel, pensez à son frère. Et s'il n'en a pas, à son frère virtuel. » Je crois en effet que l'incidence de la fratrie sur la genèse de l'homosexualité est déterminante et que l'amour pour un compagnon est souvent la réplique de l'amour passionné pour un frère. Je devrais ajouter : un frère jalousé et haï. Cela peut sembler compliqué, mais dans l'histoire de l'homosexuel, je constate fréquemment la séquence suivante : d'abord, hostilité contre un frère rival ➛ ensuite, amour pour ce même frère ➛ puis, amour pour un homme. C'est pourquoi je dirai que l'homosexualité masculine résulte de la transformation d'une vieille haine fraternelle en amour pour un semblable. L'homosexuel préfère aimer « le même », plutôt que s'angoisser devant « le différent », devant l'inquiétant et obscur corps féminin.

❑ *Et la femme lesbienne ? Quel est son fantasme ?*

Avant tout, nous devons distinguer deux sortes d'homosexuelles : celles qui s'affirment très tôt – depuis l'âge de 12-13 ans –, qui ne changeront pas et ne connaîtront jamais l'hétérosexualité ; et puis celles qui, au contraire, ont été d'abord hétérosexuelles, puis lesbiennes pendant une période de leur vie, pour retrouver parfois l'hétérosexualité.

Les premières sont des femmes d'allure masculine qui n'ont jamais eu de rapports hétérosexuels et gardent une profonde aversion pour tout détenteur de pénis. Elles ont horreur de l'homme tel qu'elles l'imaginent : obscène, brutal, méprisant, lâche et fanfaron. Mais il faut bien comprendre que leur rejet de l'homme n'est pas un rejet de la virilité. Au contraire, elles idéalisent la virilité et se l'approprient. Elles se vivent dans la peau d'un être viril épuré, parfait, dépouillé de tous les défauts du genre masculin et bien supérieur à l'homme ordinaire. Cet être idéal auquel elles s'identifient est en vérité une figure hybride composée d'une part mâle et d'une part maternelle. C'est une étrange mère masculinisée, protectrice et initiatrice.

On peut considérer que ces femmes viriles règlent leur vie amoureuse selon une scène inconsciente où elles jouent le rôle de la mère masculinisée et font jouer à leur protégée le rôle complémentaire d'une petite fille aux yeux dolents, fermement et tendrement aimée.

Justement, l'autre mode d'homosexualité qu'on pourrait qualifier de type féminin, correspond à celles qui se laissent initier à la volupté d'un amour sans pénis. Il s'agit de femmes ayant vécu des expériences hétérosexuelles, mariées le plus souvent, quelquefois avec enfants, qui, déçues par un homme, s'éprennent passionnément d'une partenaire forte et douce à la fois, parée de toutes les vertus masculines et maternelles. Si la passion s'éteint, il arrive fréquemment que ces homosexuelles à caractère féminin revirent et s'engagent avec un homme.

On pourrait donc distinguer deux genres d'homosexuelles : celles de type *masculin* qui s'identifient à un homme asexué et maternel ; et celles de type *féminin*, qui s'identifient à une petite fille en mal d'amour. Malgré leur réciprocité, ces deux catégories de femmes ne forment pas toujours un couple. Beaucoup de relations homosexuelles sont fondées sur des motivations plus complexes et subtiles.

Cela étant, ce qui me frappe le plus dans le lien amoureux entre femmes, c'est qu'il se noue avec une tendresse infinie, une nostalgie et une mutuelle faiblesse. Alors que deux hommes s'unissent autour du sexe érigé, deux femmes s'aiment autour d'un manque et goûtent, comme l'a si bien écrit Colette, « *l'amer délice de se sentir semblables, insignifiantes, et oubliées.* »

*

L'homme impuissant, la femme abandonnée ; la jalousie

❑ *Si vous le voulez bien, pouvons-nous revenir à l'homme hétérosexuel et sa perte d'identité ?*

Alors que l'homosexuel assume son identité et se bat pour l'affirmer, l'hétérosexuel est désemparé et cherche aujourd'hui une nouvelle image virile. Je devrais dire : « se cherche », parce qu'il n'a plus d'idéal masculin auquel s'identifier. Profondément désorienté dans sa quête identitaire, l'homme contemporain est tenaillé par une question angoissante. Une question que je formulerai en m'inspirant de Freud lorsqu'il avouait son ignorance devant l'éternel féminin. Un jour qu'il dialoguait avec cette grande pionnière de la psychanalyse française qu'était Marie Bonaparte, il lui confia : « L'immense interrogation restée sans réponse et à laquelle moi-même je n'ai jamais pu répondre malgré mes trente années d'étude de l'âme féminine est la suivante : "Que veut une femme ?" » Aujourd'hui, un siècle plus tard, la question du désir féminin demeure entière et se double d'une autre, tout aussi énigmatique sur l'éternel masculin, que je paraphraserai ainsi : *Que peut* – et non « que veut » – *un homme* ?

La problématique de la femme est celle du *vouloir*, la problématique de l'homme est celle du *pouvoir*. Entendons-nous bien. Dans notre formule, le mot « pouvoir » n'est pas synonyme de puissance politique ou sociale, il exprime plutôt la conviction intime qu'éprouve un homme d'être capable d'accomplir une action. L'interrogation « *Que peut un homme ?* » condense toutes les variantes du doute masculin face à l'épreuve : « Serai-je à la hauteur de la tâche ? Pourrai-je y parvenir ? Suis-je suffisamment préparé ? » Je définirai l'angoisse masculine comme la crainte de ne pouvoir satisfaire l'attente de l'autre. Quel autre ? Avant tout une femme, ou encore tel homme investi d'une autorité.

L'homme qui vient actuellement nous consulter est un sujet inquiet et déstabilisé. Impuissant, éjaculateur précoce, en porte-à-faux avec sa compagne récemment promue et du coup mieux rémunérée que lui ; ou encore, ne sachant plus comment assumer sa paternité envers ses enfants ou préserver sa fierté devant ses amis, l'homme d'aujourd'hui est un être désemparé qui n'a plus rien à offrir et se croit indigne d'amour. Il veut qu'on l'aime non pour ce qu'il est, mais pour ce qu'il *pourrait* être, donner ou faire. En fait, pour un homme, le vrai pouvoir réside non pas dans la possession matérielle ou dans l'exercice d'une fonction hiérarchique, mais dans son aptitude à tirer de lui-même plus qu'il n'y a effectivement en lui. C'est cela le pouvoir : être capable de se surpasser, de se propulser vers l'avenir.

❑ *Et la femme ?*

Eh bien, la femme ne s'inscrit pas dans la même problématique que l'homme. D'un point de vue psychanalytique, l'identité sexuelle féminine se construit tout au long de la vie, et ce, sans trop de crises identitaires. Une femme ne cesse de devenir femme, tandis que l'homme consolide son identité masculine entre 6 et 15 ans – même si, comme je viens de le dire, sa virilité peut être douloureusement remise en cause. Chez la femme, le sens de la féminité n'est jamais acquis, il s'élabore en permanence, au-delà même de l'expérience de la maternité. Comme si la particularité de l'identité féminine était de s'enrichir au fil du temps, non seulement au contact d'autres femmes, mais aussi et surtout de l'homme. Assurément, ce qui fait qu'une femme se sent femme, c'est la main du compagnon qui la caresse et la soutient, la parole qui la reconnaît ou le regard qui l'illumine. L'intervention de l'homme dans la formation du caractère féminin est évidemment décisive.

Mais s'il est vrai que la femme bénéficie d'une identité sexuelle relativement stable, elle craint en revanche que son partenaire la délaisse et la quitte. Si le point vulnérable de l'homme est le pouvoir, celui de la femme est l'amour. Le malaise de la femme, c'est la peur d'être trahie par celui qu'elle aime. Une peur qui la condamne souvent à la solitude, car, par crainte de l'abandon, elle refuse de s'engager dans une relation amoureuse. Beaucoup de patientes me consultent pour cette raison. Je me souviens du cas d'une flûtiste célèbre, très belle femme au charme indiscutable, mais qui, à trente-sept ans, se désespérait de vivre seule. Malgré diverses tentatives, elle ne parvenait pas à former un couple, paniquée à l'idée de se lier à un homme qui finirait par la quitter. Voilà l'angoisse féminine par excellence : la peur de l'abandon qui, si elle ne conduit pas à la solitude, fomente la jalousie.

❑ *Les femmes seraient donc plus jalouses que les hommes ?*

Non pas « plus jalouses », mais jalouses différemment. Elles n'hésitent pas à manifester souvent et ouvertement leur crainte d'être trompées, comme si cette jalousie à fleur de peau était une composante naturelle de la féminité. Certes, les hommes sont tout aussi jaloux, mais leur méfiance se manifeste par crises et ne s'éveille que dans des circonstances bien définies.

Mais jalousies féminine et masculine se distinguent aussi par leur contenu. La première est une angoisse de perdre, l'autre, une avidité de posséder. Alors que la femme est jalouse par *peur* d'être abandonnée, l'homme est surtout jaloux par *désir* de dominer ; elle craint la solitude, et lui, l'humiliation d'être dépossédé. De ce fait, en chacun prime l'une des deux composantes essentielles de la jalousie : la peur et le désir. Car, qu'est-ce que la jalousie, sinon un sentiment douloureux qui condense la peur d'être trahi et le désir de posséder ? Bref, la jalousie est une peur doublée d'un égoïsme fébrile.

Toutefois, ne l'oublions pas, la jalousie, bien que ravageante, est un affect parfaitement normal car il n'y a pas d'amour sans jalousie. Pourquoi ? Parce que l'amour est naturellement possessif et que le propre de l'amoureux est d'exiger l'exclusivité. Aussi la jalousie est-elle une exacerbation de la possessivité amoureuse, la gardienne zélée de la fidélité de l'aimée.

❑ *Mais à partir de quand la jalousie normale devient-elle maladive ?*

À partir du moment où elle envahit la vie du couple et se manifeste par des actes violents qui conduisent le jaloux à détruire justement ce qui lui est le plus cher, l'amour de son partenaire. C'est comme si le sujet piégeait l'aimé dans une sinistre alternative : « Soit tu m'appartiens, soit je t'anéantis. » Sous cette forme extrême, l'état jaloux s'apparente à un état délirant, où le malade s'enferme dans son irréalité.

À ce stade, la jalousie est une obsession lancinante et le jaloux, un malade du doute. Son tourment vient de ne pas savoir s'il a été ou non réellement trompé et de se demander sans cesse : « Est-elle infidèle ou est-ce moi qui délire ? » Cela me rappelle les propos d'un patient au paroxysme de sa jalousie : « Je préférerais apprendre une fois pour toutes qu'elle m'a trompé que de supporter l'infernale incertitude qui me ronge. Au fond, mon problème n'est pas d'avoir été trahi, mais de ne *pas savoir* la vérité. »

Quoi qu'il en soit, la jalousie, normale ou pathologique, est une réaction complexe qui conjugue différents sentiments. Si le jaloux en crise pouvait s'auto-analyser, il nous dirait : « Je souffre quatre fois : parce que j'ai *peur* de perdre celle que j'aime ; parce que je me sens *humilié* à la seule idée d'être trahi ; parce que je *m'en veux* de ne pas avoir su garder son amour ; et enfin, parce que je *hais* la scène où mon aimée, excitée et radieuse, séduit mon rival. La peur, l'humiliation, la culpabilité et la haine, voilà le cruel engrenage qui me mine. Mais par-dessus tout, je me sens dévoré par le doute et honteux d'être jaloux. »

❑ *La jalousie se soigne-t-elle ?*

Tout dépend de son intensité. Le plus souvent, la jalousie ordinaire s'estompe aisément si l'on amène la personne à prendre conscience des racines infantiles de son anxiété et de ses doutes, et à admettre que, pour retenir son compagnon, la meilleure attitude est de tout faire pour le séduire comme au premier jour. Il s'agit de remplacer la suspicion par la séduction. Pour ce faire, je conseillerais au jaloux de se souvenir des premières rencontres avec sa partenaire et du sentiment de confiance qui l'animait alors. Si par contre la jalousie s'avère chronique, violente, et confine à la paranoïa, sa guérison demeure incertaine.

❑ *Une dernière précision. Quelle différence faites-vous entre jalousie, envie et rivalité ?*

Je vous répondrai en une formule. La *jalousie*, c'est craindre de perdre ce que je possède ; l'*envie*, c'est vouloir ce que possède l'autre ; et la *rivalité*, c'est me battre contre un adversaire pour gagner un bien que je n'ai pas encore.

*

L'amour dans le couple

❑ *À l'heure actuelle, de plus en plus de couples se font et se défont. Est-ce propre à notre époque, ou bien est-ce la nature même de l'amour que d'être éphémère ? En d'autres termes, un amour peut-il durer ?*

Mais bien sûr ! Merci de me donner l'occasion de le dire, et même de le proclamer, car les jeunes n'ont pas l'air de le savoir : l'amour peut être durable ! Il n'y a pas si longtemps, les mariages se concluaient pour des raisons le plus souvent étrangères aux sentiments. C'étaient des unions de pure convenance, où les époux apprenaient néanmoins à vivre ensemble et à s'aimer, parfois jusqu'à la mort. De nos jours, alors qu'on se choisit librement, et souvent avec passion, on se quitte au moindre différend. À la soudaineté du coup de foudre, répond la violence d'une séparation impulsive. Comme si les partenaires du couple ne prenaient plus le temps de construire et renforcer leur union. La vie à deux est comme un organisme vivant qu'il faut nourrir en permanence, une plante qui nécessite lumière, égards et patience. Parfois, elle dépérit prématurément, et d'autres fois elle pousse vigoureusement.

Cela dépend de la façon dont les protagonistes entretiennent leur relation amoureuse ; or, pour mieux l'entretenir, il faut connaître la logique de l'amour. Je suis convaincu que le succès ou l'échec d'un couple repose sur de nombreux facteurs, avant tout inconscients, mais aussi sur la compréhension qu'ont les partenaires de la dynamique conjugale.

Vous me demandiez s'il était possible qu'un amour perdure, et je vous ai rassuré. Maintenant je voudrais vous dire à quelles conditions l'amour peut résister à l'épreuve du temps. Bien entendu, je ne prétends pas énoncer la vérité de l'amour – nul ne s'y risquerait, fût-il le Socrate du *Banquet* –, je vous confierai simplement ce que m'a appris une longue expérience auprès des couples.

Mon premier constat est que tout sentiment amoureux évolue et mûrit au fil des ans. Il est évident qu'on ne s'aime pas de la même manière à vingt ans qu'à soixante. Et puis, l'amour est bien différent au début, au milieu et à la fin de la relation. Au commencement dominent le bonheur d'être ensemble et le désir de réaliser des projets communs, puis, à la suite d'inévitables désillusions, des réajustements s'imposent, et l'on redécouvre l'aimé sous un visage nouveau dans une réalité nouvelle. Ainsi se modifie la façon d'aimer. Il va de soi qu'au cours d'une vie chacun change physiquement et mentalement, traverse des épreuves qui le régénèrent et le transforment. Or, l'art du partenaire d'un couple solide est d'accompagner l'autre dans ses imprévisibles variations, tel le danseur qui, pour garder le rythme, accorde sa cadence au pas inattendu de sa cavalière. Ce qui est important c'est d'évoluer librement de son côté tout en préservant la stabilité de son attachement.

❏ *Cependant, il y a des couples qui essuient des tempêtes parfois dramatiques.*

C'est vrai. Il n'est pas de couple sans crises, car la crise fait partie du difficile équilibre de la vie à deux. Le problème n'est pas d'éviter les crises – elles sont incontournables –, mais d'apprendre à les surmonter pour se retrouver ensuite apaisés, tournés vers des horizons plus sereins. Néanmoins, en dehors de la capacité des partenaires à dépasser les orages, le maintien de leur union dépend d'autres points de soudure. D'abord, l'*entente sexuelle* : si elle n'est pas heureuse, la relation se fragilise et souvent se défait. Je ne dis pas qu'un couple affaibli par un problème sexuel rompe forcément. Non ! Je veux seulement insister sur l'importance du plaisir sexuel pour le bien-être psychique des partenaires, en particulier de la femme. Je précise « de la femme » parce qu'une compagne insatisfaite sexuellement est avant tout une femme insatisfaite affectivement, qui se sent délaissée. Pourquoi ? Parce qu'en général la femme associe si étroitement le sexe et la tendresse qu'elle ressent l'acte sexuel comme un acte d'amour. Aussi est-il important pour les conjoints d'avoir une activité sexuelle régulière, même s'ils ne sont pas toujours embrasés du feu des premières ardeurs. De longues périodes de silence sexuel sont certainement nuisibles à la santé du couple. C'est pourquoi le secret d'une sexualité épanouie réside dans l'harmonieuse combinaison entre la régularité des rapports et la part de jeu et de fantaisie qui avivent le désir.

❑ *Mais si les gens n'ont pas envie de faire l'amour, ils ne vont tout de même pas se forcer !*

Si ! Dans certains cas, un désir sexuel éteint peut renaître à la faveur de rendez-vous réguliers où mari et femme conviennent de se rencontrer sexuellement. Je pense à un couple venu me consulter parce que leur sexualité s'était étiolée au bout de sept ans de mariage, alors qu'ils souhaitaient vivement avoir un enfant. Je n'aborde pas ici le travail psychanalytique mené avec ce couple, je me contente d'évoquer la résolution qu'ils ont prise lors d'une séance et qui leur a permis de se retrouver. Ils ont décidé, en ma présence, de réserver le vendredi soir à leur rendez-vous galant. Ce pacte, qu'ils ont respecté malgré son côté artificiel, a réveillé leur désir et renoué leur entente sexuelle.

Mais au-delà de cet exemple, reprenons les différents points de soudure, protecteurs de l'amour. Je parlais à l'instant « d'entente sexuelle », mais le mot « entente » est faible. Il s'agit en fait d'assujettissement sexuel ou, si vous préférez, de *dépendance sexuelle* de l'un vis-à-vis de l'autre. Ainsi, pour que s'instaure une relation durable, encore faut-il que chacun des partenaires soit sexuellement subjugué par l'autre. À ce propos, il me vient à l'esprit une phrase de Krafft-Ebing soulignant l'influence du sexe sur la pérennité de l'amour : « Pour qu'une liaison dure, il faut qu'il y ait absolument un certain degré d'assujettissement sexuel. » Affirmation entièrement confirmée par Freud : « La sujétion sexuelle [d'une femme à un homme et réciproquement] est indispensable pour que se maintienne le mariage et que soient refrénées les tendances polygames qui le menacent. »

Un second facteur de stabilité est l'*admiration réciproque* : pour chacun, l'autre doit être le meilleur ! Peu importe dans quel domaine, mais ma compagne doit être, à mes yeux, la plus intuitive des femmes, une éblouissante danseuse de tango ou, que sais-je, la plus redoutable femme d'affaires ; et, pour elle, je dois représenter le plus généreux des hommes, le meilleur des pères ou encore un véritable cordon bleu dans l'art de préparer le canard à l'orange ! Qu'importe l'objet de l'admiration ! L'essentiel est d'être fier de son partenaire, fût-ce à propos de la plus modeste des vertus.

Mais d'autres étincelles attisent le feu de l'amour, ce sont les *rituels* du couple, les gestes coutumiers, toujours les mêmes quels que soient les états d'âme : le baiser au réveil, la soirée cinéma du jeudi ou le marché du samedi matin. Que nous soyons fâchés ou non, tristes ou enjoués, nous restons fidèles au cadre invisible de la vie commune. Ainsi, la force positive de l'habitude finit-elle par l'emporter sur les sautes d'humeur et l'inconstance des sentiments. Une regrettable scène de ménage sera vite oubliée si elle et moi sommes pris par telle occupation quotidienne.

Pour terminer – dernière leçon de mon expérience clinique –, je soulignerai l'influence bénéfique de *l'alternance des rôles* sur la longévité du couple. Je pense, par exemple, qu'à certains moments l'homme peut se comporter en petit garçon avec sa compagne, sans pour autant se sentir infériorisé ; et réciproquement, la femme peut se conduire comme une petite fille, sans en éprouver de la gêne. Voilà des états régressifs, en général passagers, qui sont absolument indispensables à l'harmonie de la relation.

J'ajouterai encore qu'une union durable repose sur le respect, par chacun, de la part de solitude de l'autre.

Néanmoins, vous vous en doutez, aucun de mes propos ne prétend dissiper la magie inexplicable de l'amour. L'amour restera éternellement insondable. Je ne suis sûr que d'une chose : l'aimé est celui qui me procure la plus enivrante sensation de vivre et à qui j'insuffle la même exaltation. En un mot, l'aimé est la personne qui tire de moi la quintessence de mon être et me rend heureux.

Je viens de dire que l'aimé me rend heureux, et pourtant, j'ajouterai qu'il est aussi celui qui, par sa seule altérité, par le seul fait d'être autre, me limite, refrène mes désirs et me fait souffrir. Dans un couple stable, c'est-à-dire un couple avec une histoire, le partenaire peut être le plus formidable éveilleur de vie, mais aussi le plus sévère censeur. Décidément, l'aimé est un génie à deux visages qui me donne des ailes et les brise à la fois.

❑ *À vous écouter, on croirait que la vie à deux est un enfer !*

N'exagérons rien ! Disons plutôt que la souffrance est inhérente à la nature de la relation amoureuse, qu'elle en est le noyau indissociable. Au cœur de l'amour gît la souffrance ! Au-delà des déchirements dus aux crises que tout couple traverse, et de la douleur des ruptures, d'autres tourments sont intrinsèques à l'amour, des tourments quotidiens endurés par ceux qui s'aiment avec passion. Que ce soit la jalousie, la culpabilité, les remords, les renoncements, les angoisses provoquées par l'absence ou les défaillances de l'autre, ou simplement les frustrations dues à son impuissance à nous satisfaire, tous ces tracas prouvent que le plus merveilleux des aimés est aussi le plus cruel des tourmenteurs.

❑ *Tous les amoureux seraient alors des masochistes ?*

Absolument pas. Même si cela peut vous paraître choquant, le bon fonctionnement mental dépend d'un certain degré de frustration. Être frustré est une condition de notre normalité. D'où le rôle du partenaire : en nous gratifiant et nous décevant, il devient le thermostat de nos humeurs.

Sans doute cette idée peut-elle vous déconcerter, parce qu'habituellement nous attribuons à notre partenaire la seule vertu de satisfaire nos désirs et de nous procurer du plaisir. Nous vivons dans l'illusion, en partie vraie, qu'il nous donne plus qu'il ne nous prive. En fait, il nous équilibre autant par ses refus que par ce qu'il nous apporte. Il nous frustre parce que, tout en excitant notre désir, il *ne peut pas* et – le pourrait-il – il *ne voudrait pas* nous combler totalement. Étant humain, il ne le peut pas, et étant amoureux, ... il ne le veut pas. Il *ne le peut pas* parce qu'il est impossible pour un être humain d'assouvir complètement le désir d'un autre, et il *ne le veut pas*, parce qu'amoureux, il a peur de trop s'attacher et devenir l'esclave de l'autre. Je dis souvent que l'amour est une névrose universelle au sens où tout amoureux redoute toujours de trop aimer et se montrer dépendant. Bref, notre compagnon est la personne qui sait, certes, nous exciter, nous gratifier, mais aussi nous brider et, partant, nous stabiliser. Voilà pourquoi l'aimé n'est pas seulement celui qui nous rend heureux, il est aussi celui qui nous frustre, et par là-même nous équilibre.

*

Toute femme est vierge

❑ *Qu'en est-il de la virginité aujourd'hui ?*

Il est vrai que tout au long de ma pratique j'ai rarement rencontré des patientes venant me consulter pour un problème lié à la virginité ou à la défloration. Cependant, je peux vous dire que bon nombre d'analysantes, lorsqu'elles parlent avec authenticité de leur sexualité, déclarent se sentir intimement vierges. Au sens anatomique du terme, elles savent parfaitement qu'elles ne sont plus vierges, puisque l'hymen a disparu, mais elles ressentent, au plus profond de leur être, l'existence d'un lieu inviolé et inviolable. Je viens de dire que l'hymen a disparu, mais physiologiquement ce n'est pas exact, en fait l'hymen ne disparaît jamais.

❑ *L'hymen ne disparaît jamais ! Comment cela ?*

Les hommes et les femmes croient que l'hymen, lors de la défloration, s'évanouit comme un ange qui s'envole. Mais en réalité, il ne s'en va jamais. Les gynécologues nous disent que l'hymen est une fine et souple membrane qui obstrue l'orifice vaginal.

On le trouve uniquement dans l'espèce humaine et on ne lui connaît aucune fonction physiologique précise. Il est normalement perforé, permettant au flux menstruel de s'écouler. Or, une fois déchiré, il se rétracte peu à peu, en formant de petits bourrelets sur le pourtour de l'entrée du vagin. Ces vestiges virginaux portent le joli nom de « dentelle de l'hymen ». Pour les spécialistes, une femme ayant des relations sexuelles, et même ayant enfanté, garde toujours des traces de la membrane virginale.

Cela dit, la virginité dont je parlais à l'instant n'est pas anatomique, mais évidemment fantasmatique. Beaucoup de femmes ont l'intime conviction que le sexe de l'homme ne les a jamais complètement pénétrées, n'a jamais atteint la partie la plus retranchée de leur corps. C'est ce que j'ai nommé : *le fantasme de virginité*.

❑ *Vous parlez de leur corps symbolique ?*

Non. Je parle du corps tel que les femmes le vivent et le fantasment. Elles le vivent au niveau des sensations et le fantasment avec des constructions imaginaires. J'insiste. Quand une femme en analyse nous livre sans retenue le sentiment qu'elle éprouve lors de la pénétration, il arrive qu'elle nous confie aussi qu'il existerait, au plus profond d'elle-même, un lieu intact, intangible, pur de toute intrusion.

❑ *Même une femme épanouie sexuellement peut avoir cette impression ?*

Absolument. Telle femme peut connaître le plaisir de l'orgasme, se sentir pleinement satisfaite avec celui qu'elle aime, et en même temps être habitée par le sentiment, même confus, qu'elle garde une pureté originelle que rien ne peut ternir.

❑ *Comment peut-on l'expliquer ?*

Je l'ignore. Comme Freud, j'avoue que de nombreux aspects de la sexualité féminine résistent farouchement au savoir. Toutefois, je vous propose une hypothèse psychanalytique qui reste à vérifier. Je pense que le sentiment d'une virginité irréductible ne peut s'installer que chez un être – la femme – dont le génie du corps est de recevoir un autre corps qui, à l'inverse, a le génie de pénétrer. L'écoute des patientes m'a appris que seule celle qui a éprouvé la sensation d'accueillir le pénis de l'homme aimé peut vivre son sexe comme une enveloppe, un contenant sans fond qui s'ouvre sur un jardin à jamais secret. En d'autres termes, le fantasme d'une virginité infinie n'apparaît que chez une femme amoureuse ayant ressenti la volupté de la pénétration. J'insiste, ces considérations sont des hypothèses que chaque femme pourra ou non confirmer.

❑ *Le message que la femme adresse à l'homme serait donc : « Il y a quelque chose en moi que je ne te donne pas. »*

Ou plutôt : « Je ne te donnerai pas tout. » Ou mieux : « Je m'offre, mais je ne me livre pas entièrement. Tant que je garde la source de ma force, je me sens femme et fière de l'être. » En effet, *elle s'offre mais ne se livre pas totalement* de crainte de perdre son identité la plus intime.

❑ *Et comment vit-elle ce fantasme ?*

Il est très difficile de vous répondre, parce que les patientes ont une attitude ambivalente. D'un côté, elles préfèrent ne pas en parler, de l'autre, elles le revendiquent comme si la virginité imaginaire était le symbole de leur féminité. Je me dis même que, pour certaines femmes, le noyau de l'identité féminine se construit autour de ce lieu silencieux et vide. C'est comme si être femme consistait à conserver intacte cette virginité virtuelle, avec la peur de la perdre un jour.

❑ *Ce fantasme de la virginité serait universel ?*

Je le pense, au point même d'affirmer que *toute femme est vierge* et ce, quel que soit le degré d'épanouissement de sa sexualité. Certaines femmes, sexuellement actives, perçoivent ce fantasme grâce à une particulière capacité d'introspection. D'autres, moins sensibles aux sensations internes et peut-être moins imaginatives, arrivent cependant à ressentir cette impression de virginité et à en parler, à condition bien entendu de trouver une écoute réceptive.

Toutefois, j'ai rencontré des patientes qui ne font nullement état de ce fantasme et dont la féminité semble marquée par une forte identification masculine à la figure du père. Ce sont des femmes ayant une vie sociale importante et une activité sexuelle réduite. Comme si leur virginité imaginaire avait cédé la place à un idéal d'action et de conquête.

❑ *Et la virginité réelle ? Croyez-vous que la défloration soit toujours un événement important dans la vie d'une adolescente ?*

Certainement. La défloration a été longtemps considérée comme une expérience majeure, une épreuve ou même un rite de passage à l'état de femme. La libération des mœurs des dernières décennies a fait admettre que la perte de la virginité n'a rien de dramatique en soi. Pourtant, les filles et les garçons ont encore peur du premier rapport sexuel.

Face à la défloration, l'attitude actuelle des adolescentes varie selon leur personnalité et leur milieu social. Rester vierge jusqu'au mariage tout en ayant des relations amoureuses plus ou moins chastes, ou renoncer à sa virginité pour vivre librement sa sexualité, voilà l'alternative pour les jeunes filles de notre époque.

❑ *Et pour l'homme, que représente l'acte de déflorer ?*

Rappelez-vous que la défloration était considérée par certains peuples primitifs comme un geste maudit, un tabou proprement religieux. Le fiancé craignait tellement d'être le premier à déchirer l'hymen de sa future épouse que l'usage en confiait le soin à un tiers. Déflorer la jeune femme signifiait transgresser un interdit des dieux. C'était un sacrilège qui portait malheur et annonçait des cataclysmes. De nos jours, les mythes ont changé. Déflorer une jeune fille peut être vécu par l'homme comme la conquête d'un trophée et l'affirmation de sa virilité. Cependant, lorsqu'il apprend qu'il est le premier à pénétrer sa partenaire, il a souvent peur.

❑ *Peur de quoi ?*

Peur de faire mal à la fille ou de se faire mal. N'oublions pas que la crainte de l'inconnu existe toujours.

❑ *Le garçon a peur, même s'il a le désir d'être l'initiateur ?*

Le sentiment de triomphe d'être le premier vient seulement après avoir accompli l'acte, lorsqu'il a compris qu'il en était l'auteur. Car, très fréquemment, les jeunes hommes ignorent avant la défloration que la fille est vierge – elles le cachent le plus souvent. Quoi qu'il en soit, le garçon s'y prend gauchement, avec crainte et brusquerie.

❑ *Et comment vit-il sa première expérience ?*

Comme une véritable épreuve dans son devenir d'homme. À l'instar de la fille, la première relation sexuelle représente pour lui une victoire sur l'emprise familiale, ce qui lui confère un statut d'adulte. Cependant, vous ne l'ignorez pas, cet événement majeur est très souvent un échec, comme le confirment les nombreux témoignages des jeunes filles déçues. Les trois quarts d'entre elles se disent frustrées par un premier rapport déconcertant, insipide ou douloureux.

❑ *La défloration fait toujours mal ?*

Pas vraiment. La défloration est plutôt indolore surtout si la jeune femme est désirante, détendue et confiante en son partenaire. Cependant, même ainsi, la première relation peut s'avérer décevante. Le problème n'est pas tant la défloration que la peur de la fille à l'égard de l'acte, la culpabilité de l'accomplir, ou la frustration de n'avoir pu atteindre le plaisir attendu. S'il y a douleur, c'est surtout à cause de la crispation musculaire de la jeune fille anxieuse.

❑ *Il est inévitable que ce soit ainsi ?*

Je le crois, et l'inexpérience des partenaires en est la cause. Le garçon est le plus souvent impatient, maladroit, ignorant l'importance des gestes tendres pour éveiller le désir de sa partenaire ; et la fille, quant à elle, est généralement indécise, tendue et pleine d'appréhension.

Ne perdons pas de vue que souvent l'homme autant que la femme – surtout jeunes – ignorent tout de la morphologie de cet organe qu'est le vagin. Il semblerait que notre esprit se représente plus facilement le clitoris ou le pénis – parties saillantes du corps – que la cavité vaginale. Tout se passe comme si la représentation mentale d'une anfractuosité nous était plus difficile que la représentation d'un relief saillant, tel le clitoris, le sein ou le pénis. Un contraste étonnant apparaît donc entre la difficulté d'imaginer le vagin et la facilité d'imaginer une protubérance. Nous avons généralement une idée vague et imprécise d'un trou, tandis que nous sommes immédiatement subjugués par telle ou telle proéminence du corps. Nous ne savons pas définir un trou, mais nous décrivons aisément un appendice. Je suis convaincu que le comportement de l'homme est pour une grande part déterminé par le fait que son sexe est apparent, tandis que le comportement de la femme est déterminé par le fait que son sexe est retrait. Alors que la virilité est tributaire du sentiment que le pénis est un appendice vulnérable exposé tant au regard qu'au danger, la féminité est nourrie par la sensation que le vagin, abrité par le corps, lui est consubstanciel. Je vais le formuler autrement. Le comportement viril semble animé par un fantasme où l'homme se dirait, en pensant à son pénis : « Je suis fier de l'avoir mais c'est bien parce qu'il m'est si précieux, que j'ai peur de le perdre. » Le comportement féminin, par contre, serait animé par un fantasme où la femme, en pensant à sa sexualité, se dirait : « Mon sexe est tellement fondu dans mon être, que me désirer c'est m'aimer tout entière, et ne plus me désirer, c'est m'abandonner. »

Ajoutons que l'anatomie vaginale, peu visible et méconnue, suscite nombre d'interprétations fantaisistes, aussi bien chez les hommes que chez les femmes.

❑ *Quelles interprétations ?*

Les hommes, par exemple, se figurent la cavité vaginale comme un trou béant, alors qu'en réalité le vagin est aplati et plutôt refermé, avec une face antérieure courte, adhérant à une face postérieure plus longue. Pendant le coït, ces parois se distendent et s'adaptent au pénis, quelle que soit sa taille. Ce pouvoir de dilatation est considérable puisqu'il permet le passage du bébé lors de l'accouchement. Bref, le vagin n'est pas, comme beaucoup d'hommes le pensent, un réceptacle passif du pénis, il est l'organe actif du plaisir féminin, une cavité certes aplatie, mais aux parois extensibles et excitables.

Parmi les phobies masculines, on rencontre souvent celle du « vagin piège » dans lequel l'homme a peur que son sexe ne reste à jamais emprisonné ; ou encore la terreur de certains patients dont l'érection est inhibée à l'idée bizarre que leur pénis s'écrase contre un mur qui obturerait l'orifice vaginal ; sans parler de la célèbre légende du « vagin denté » capable de mordre et d'arracher le sexe de celui qui se risquerait à y pénétrer.

❑ *Une dernière question. Quel est l'attitude des parents à l'égard de la virginité de leur fille ?*

En guise de réponse, j'aimerais vous lire un poème de René Char intitulé *Compagnie de l'écolière**. C'est un échange émouvant entre un père et sa fille sur le point de devenir femme. Vous entendrez d'abord les paroles du père tremblant à l'idée que sa fille perde son innocence, suivies de la réponse exaltée de la jeune femme.

Compagnie de l'écolière

Je sais bien que les chemins marchent
Plus vite que les écoliers
Attelés à leur cartable
Roulant dans la glu des fumées
Où l'automne perd le souffle
Jamais douce à vos sujets
Est-ce vous que j'ai vu sourire ?
Ma fille ma fille je tremble

N'aviez-vous donc pas méfiance
De ce vagabond étranger
Quand il enleva sa casquette
Pour vous demander son chemin ?

* In *Œuvres complètes*, Gallimard, 1983, p. 98.

Vous n'avez pas paru surprise
Vous vous êtes abordés
Comme coquelicot et blé
Ma fille ma fille je tremble

La fleur qu'il tient entre les dents
Il pourrait la laisser tomber
S'il consent à donner son nom
À rendre l'épave à ses vagues
Ensuite quelque aveu maudit
Qui hanterait votre sommeil
Parmi les ajoncs de son sang
Ma fille ma fille je tremble

Quand ce jeune homme s'éloigna
Le soir mura votre visage
Quand ce jeune homme s'éloigna
Dos voûté front bas et mains vides
Sous les osiers vous étiez grave
Vous ne l'aviez jamais été
Vous rendra-t-il votre beauté ?
Ma fille ma fille je tremble

[Et sa fille de lui répondre :]

La fleur qu'il gardait à la bouche
Savez-vous ce qu'elle cachait ?
Père un mal pur bordé de mouches
Je l'ai voilé de ma pitié
Mais ses yeux tenaient la promesse
Que je me suis faite à moi-même
Je suis folle je suis nouvelle
C'est vous mon père qui changez.

*

La haine comme exercice de tous les jours

❑ *Pouvons-nous espérer qu'un jour l'humanité saura éradiquer la violence ?*

L'idée que la haine, les guerres et la destruction en général puissent disparaître est, je le crains, une pure utopie. Bien entendu, nous devons lutter contre la violence, mais n'oubliez pas que les forces destructrices sont si inhérentes à la nature humaine qu'elles demeurent indéracinables. Pour mieux affronter la violence, il est essentiel de la combattre, tout en gardant à l'esprit qu'elle ne se laissera pas éliminer. La violence, telle une mauvaise herbe, renaît toujours.

❑ *La haine serait donc un ennemi invincible ?*

Probablement, parce que cet ennemi est en nous et tant que l'homme vivra, la haine perdurera, même chez les meilleurs d'entre nous. Supprimez votre haine et vous vous mutilerez, car elle est une moitié de vous. Si, par exemple, nous privions un enfant de toute son agressivité, nous le verrions, tel un autiste, s'étioler dans l'indifférence et l'apathie.

Vous comprenez, la santé d'un individu résulte de l'équilibre entre deux grands mouvements antagonistes, les forces de la mort, et celles de la vie. Alors que les pulsions de mort se manifestent par la haine, les pulsions de vie génèrent l'amour. Aussi, attraction et répulsion, amour et haine sont-ils les battements originaires qui palpitent dans tout organisme vivant. Dès lors, il est impossible de nous défaire d'une partie de nous aussi essentielle que la haine, tout au plus pouvons-nous la maîtriser.

Or, voici mon idée. À l'instar d'un grand fauve qui cesse d'être dangereux lorsqu'il est soumis à un dressage régulier, la haine nécessite une gymnastique quotidienne. Oui, je vous l'affirme, la haine doit être un exercice de tous les jours ! Mais détrompez-vous, ma formule n'est nullement une apologie de la violence. Au contraire, c'est un appel à la tempérance. Pourquoi ? Parce que si vous laissiez la violence s'accumuler dans votre psychisme, elle deviendrait explosive, alors que, régulièrement évacuée, elle se civilise et se transforme en énergie féconde. La psychanalyse nous apprend que les pulsions fermentent et bouillonnent sous la pression d'un refoulement brutal, tandis qu'elles se subliment lorsqu'on les libère avec mesure. J'insiste, la haine doit être constamment distillée pour éviter que, trop longtemps confinée dans l'inconscient, elle n'éclate furieusement. Si la haine s'exprime, par exemple, lors de l'invariable scène de ménage où les partenaires laissent libre cours à leur colère, elle s'assainit et, associée à l'amour, consolide la relation. Ainsi, les orages qui parfois déstabilisent un couple font office de soupapes évacuant l'excès de tension. Les amoureux savent, même s'ils l'ont oublié dans le feu de la querelle, que leur affrontement non seulement ne les séparera pas, mais les soudera plus que jamais. Finalement, la haine apprivoisée est un excellent complément de l'amour, qu'elle nourrit et fortifie.

❑ *Je croyais que la haine tuait l'amour et qu'ils étaient ennemis jurés ?*

Ce sont plutôt des frères ennemis. Tout en s'opposant, ils appartiennent à la même famille, celle des douces et des redoutables chimères. Car, qu'est-ce que l'amour sinon un délicieux mirage, la promesse illusoire de vivre à deux un mutuel bonheur ? Et qu'est-ce que la haine sinon la menace tout aussi utopique de détruire l'autre un jour ? Quant à l'illusion amoureuse, elle me fait penser au célèbre paradoxe de Lacan, « L'amour, c'est donner ce qu'on n'a pas », que je traduirai par : l'amour, c'est promettre du vent ; l'amour n'est que promesse, la promesse d'un bonheur toujours à venir. C'est pourquoi je me dis que l'amoureux est au fond un honnête marchand d'illusions qui, sans aucune malice, troque ses mirages contre les mirages d'un autre. Mais ne vous méprenez pas, définir l'amour comme un échange de leurres n'est en rien péjoratif. Au contraire, l'innocence amoureuse est, de toutes nos régressions, la plus nécessaire à la survie de l'espèce. Preuve en est que de ce marché d'illusions, de cet échange de riens, naissent des êtres bien réels comme vous et moi, enfants de l'amour. Je dis

« enfants de l'amour », indépendamment de l'authenticité de la passion qui unissait nos parents. Quels que furent leurs sentiments, il est indéniable qu'un acte sexuel fécond exprime toujours le désir mutuel de transmettre la vie. Au-delà de leur conscience et de leur amour, deux êtres qui procréent obéissent nécessairement à la volonté souveraine de l'espèce de se perpétuer.

Quant à la haine, elle est aussi une illusion si nous l'envisageons comme une menace, c'est-à-dire comme l'intention aveugle d'anéantir l'autre. Globalement, je dirai que si l'amour est la promesse d'un bonheur infini, la haine est la menace d'un malheur absolu. En un mot, que nous cédions à l'amour ou à la haine, nous serons toujours dupes d'une illusion : combler celui que nous aimons ou supprimer celui que nous exécrons.

Cela étant, ces mirages opposés sont tellement indissociables qu'ils n'apparaissent jamais l'un sans l'autre au point que leur union a été plaisamment qualifiée par Lacan d'*hainamoration*. N'en doutez pas, derrière le plus noble des amours, guette la haine la plus sournoise.

Mais pour revenir maintenant à votre question sur l'irréductibilité de la violence, je vous répéterai que, loin d'éliminer la haine, nous devons la dompter et l'entretenir comme un allié de l'amour, et au-delà, comme une force vitale nécessaire à l'individu et à la société.

❑ *Selon vous, la haine serait donc une énergie bénéfique, à condition de la canaliser. Mais y parvient-on toujours ?*

Non, justement. Je distingue deux types de haine*. La première est une force brute que l'on peut domestiquer et rendre positive en l'exerçant chaque jour. C'est la *haine-sublimée* dont je vous ai déjà parlé. La seconde est la *haine-impulsive*, passion dévastatrice qui se déclenche lorsque l'amour-propre est profondément atteint. Je pense au cas de l'épouse trompée et humiliée qui hurle sa douleur en se ruant sauvagement sur l'homme qu'elle a tant aimé. Assurément, le compagnon le plus idéalisé est aussi celui dont la trahison reste la plus impardonnable. Il faut savoir que les combats extrêmes s'engagent toujours entre ceux qui se sont le plus passionnément aimés. N'en doutons pas, il n'est de pires haines que les haines familiales. C'est encore une nouvelle confirmation de la solidarité étroite entre ces sœurs jumelles et ennemies que sont l'amour et la haine : quand l'une défaille, l'autre prend aussitôt sa place.

Mais qu'est-ce que la *haine-impulsive* ? Rappelez-vous ce fait divers d'un père en furie, qui, venant d'apprendre le viol de sa fille encore adolescente, prend son fusil et tue le violeur sur-le-champ. Quelle fureur a armé ce bras vengeur sinon la haine viscérale ? Et qu'est-ce qui a enflammé une telle coulée de violence, si ce n'est la douleur de voir pro-

* *In* « Le concept de haine », à paraître dans le volume 2 de l'*Enseignement de 7 concepts cruciaux de la psychanalyse*.

fané son bien le plus cher, l'innocence de sa fille ? Or, nous recelons tous un trésor aussi sacré que l'est pour un père la pureté de son enfant, à savoir le sentiment intime d'être soi. Dès lors, blesser ce sentiment profond, c'est frapper notre moi en plein cœur et déclencher la riposte foudroyante de la rage. Aussi définissons-nous la *haine-impulsive* comme une réaction instinctive du moi, un réflexe désespéré pour panser l'image de soi blessée et calmer la douleur de l'affront. C'est dire si ma haine est un concentré de violence contre celui qui m'a humilié, et, en m'humiliant, a déstabilisé l'assise de mon identité. Je voudrais le souiller comme il a souillé ce que j'ai de plus précieux, l'image de moi-même. Haïr l'autre est donc l'ultime sursaut pour réparer l'image de soi mortifiée.

Cela étant, on pourrait supposer que, victimes d'un outrage, nous soyions accablés. Et pourtant, la réponse à l'affront n'est jamais l'effondrement mais la haine. *Je préfère haïr qu'être triste, car dans la haine je me rassemble, alors que dans la tristesse je me dissous.* En un mot, *je hais, donc je me sens être.*

❑ *Si j'ai bien compris, même la haine aveugle nous fortifie ?*

Non, je ne le crois pas. Le sentiment de toute-puissance qui accompagne l'explosion haineuse n'est qu'une crispation du moi, une sensation illusoire de se ressaisir. Je vous disais à l'instant que la haine sublimée nous consolide, je vous répondrai maintenant que la haine impulsive nous affaiblit, se distille en nous comme un poison qui nous ronge et nous enchaîne éternellement à celui que nous voulons anéantir. Reprenons l'exemple de l'épouse trahie et écoutons la parler : « *Avant d'être humiliée, j'étais dépendante de lui par amour, désormais je le suis par ma haine. Tant qu'il sera sur terre, je l'empêcherai de vivre. Il faut qu'il souffre comme il m'a fait souffrir.* » Un tel acharnement montre combien le haineux peut devenir malade de sa haine et tomber sous le joug de l'image obsédante de celui ou celle qui l'a trahi. Pour mieux vous faire comprendre la nature de cette dépendance maladive à l'autre haï, je la rapprocherai de la dépendance tout aussi morbide de l'endeuillé malade qui croit le défunt toujours vivant. Que ce soit le haineux hanté par le fantôme du traître, ou de l'endeuillé hanté par le fantôme du disparu, aucun ne parvient à chasser ses démons. L'un, esclave de sa rancœur, l'autre, de sa peine, chacun vit opprimé par une présence spectrale qui dévore son existence. La rancœur et la douleur sont souvent les feux intérieurs que nous attisons, même s'ils nous minent au point de nous rendre physiquement malades.

❑ *Et comment se libérer de cette prison qu'est la haine chronique ?*

Avec l'aide du temps. Il faut que, peu à peu, la colère s'épanche, s'en aille en larmes, en chaleur et en symboles jusqu'à se dissoudre. Seul le temps et, dans certains cas, l'écoute du psychanalyste, permettront au sujet de s'ouvrir à de nouveaux liens affectifs qui progressivement dissiperont les cauchemars du passé.

❑ *Vous dites que la haine est « la manifestation de la pulsion de mort », mais qu'est-ce que la pulsion de mort ?*

Au risque de vous surprendre, je considère que la pulsion de vie et la pulsion de mort sont toutes deux au service de la vie, chacune en opposition à l'autre. La première en liant, la seconde en déliant, mais toutes deux s'associent pour nous garder le plus longtemps possible en vie. La première – *Eros* – est la tendance qui nous pousse à l'union durable avec les êtres et les choses. La stabilité qui en résulte nous est indispensable pour consolider notre unité physique et psychique, et affirmer notre image de soi. La seconde, la pulsion de mort – *Thanatos* –, est quant à elle une puissance de déliaison et de destruction de tout ce qui est nuisible ou caduc, que ce soit dans notre esprit ou notre corps. Pour moi, la pulsion de mort est un élan positif et salutaire qui, malgré ce sinistre mot de « mort », a surtout l'effet bénéfique de défricher notre chemin. Dans le domaine de l'esprit, c'est grâce à sa force bienfaisante que nous parvenons à oublier les faits déplaisants ou à ignorer les personnes qui nous sont désagréables. Corporellement, la pulsion de mort est tout autant purificatrice, quand par exemple elle mobilise les anticorps lorsque nous sommes malades, ou amène le bébé à se détacher naturellement du sein lorsque le moment du sevrage est arrivé. Enfin, elle guide aussi nos choix sur la route de la vie. Nous choisissons sans cesse, et sans cesse nous abandonnons mille options possibles derrière nous. Le chemin que nous sillonnons dans le temps est jonché des débris de nos amours embryonnaires et de tout ce que nous aurions pu devenir. Bref, la pulsion de mort est à l'œuvre toutes les fois que, pour aller de l'avant, nous devons écarter les menaces, nous défendre des agressions, renoncer à ce que l'on doit naturellement quitter, et choisir enfin notre destin.

En résumé, que ce soit la pulsion de vie qui unifie ou la pulsion de mort qui détruit à l'extérieur ou assainit à l'intérieur, l'action conjuguée de ces deux forces antagonistes sert la cause de la vie.

*

Un ami est celui avec qui je me sens heureux d'être moi-même

❑ *Comment définir l'amitié ?*

Je dirai qu'elle est une des plus belles formes d'amour, car rien n'est plus vivifiant qu'une véritable amitié. Tout à l'heure, je vous expliquais que l'amour des amants est au fond une illusion, l'attente souvent joyeuse, parfois tumultueuse, d'un bonheur à venir. Souvenez-vous de la formule : aimer, c'est promettre à l'autre ce que nous n'avons pas, et attendre de lui ce qu'il n'a pas.

Or aimer d'amitié est très différent. Nous aimons l'ami non pas pour ce qu'il n'a pas, mais pour ce qu'il est, ce qu'il a ou ce qu'il fait, et cela nous réjouit. C'est pourquoi j'affirmerai que si le lien amoureux se nourrit d'espérance, le lien amical se nourrit de présence. Tandis que l'amour est surtout l'attente d'un don impossible de l'amant, l'amitié est l'accueil du don effectif de l'ami.

Parmi les nombreuses différences entre l'amour des amants et l'amour des amis, trois me semblent essentielles. D'abord, l'amitié qui me lie intimement à un homme ou à une femme est une relation dans laquelle le sexe n'intervient pas. Certes, le corps de mon ami est quelquefois l'objet d'une vive affection, quand, par exemple, après une longue absence, je le serre chaleureusement dans mes bras. Mais ce geste spontané de tendresse, nullement équivoque, reste exempt de tout érotisme. L'autre différence avec l'amour porte sur la réciprocité des sentiments. Je peux être amoureux sans être aimé en retour, mais je ne puis me prétendre l'ami d'une personne qui m'ignore. Autrement dit, l'amitié est toujours une mutuelle sympathie, tant dans les moments heureux que difficiles. Enfin – dernière distinction – l'amitié n'est guère possessive ; mon ami peut fréquenter d'autres amis, sans que notre relation s'en trouve menacée. Et même quand la jalousie sournoise s'immisce entre nous, elle est rarement passionnelle.

❑ *En fait, on ne comprend l'amitié qu'en regard de l'amour ?*

C'est vrai, mais c'est une première approche dont l'avantage est de montrer clairement les trois caractéristiques propres au lien amical : il est non érotisé, réciproque et non exclusif.

❑ *Mais que dire alors de l'amitié en soi ?*

Qu'elle est une joie ! La joie sereine de se sentir exister au contact d'un autre qui éprouve la même sensation. Un vrai ami vous aime tel que vous êtes, et, réciproquement, vous êtes content qu'il soit ce qu'il est. Qu'est-ce qu'un ami sinon celui qui me communique et à qui je communique la plus dense sensation d'être, celle d'être soi-même ? Évidemment, une entente si profonde et souvent inexprimée ne peut être que l'œuvre du temps et de la constance des sentiments. Ainsi n'est-il de solide amitié que tissée au fil des ans, ayant surmonté les inévitables éloignements, crises et conflits de l'existence. En général, le lien amical nécessite du temps pour se confirmer, même si, parfois, il se noue définitivement sur un coup de foudre. Plus communément, l'amitié naît du hasard, s'installe peu à peu dans notre vie... et puis un jour, nous sommes tout surpris et heureux de découvrir que l'autre a pris place dans la ronde des êtres qui nous sont chers.

J'ajouterai que l'ami authentique, toujours prêt à répondre au moindre de mes appels, est celui qui me donne la tacite assurance que je ne suis pas seul. Finalement, le meilleur don que vous puissiez recevoir d'un ami, hormis sa disponibilité, c'est l'intensité de sa présence, une présence qui symbolise votre ouverture sur le monde.

❑ *Que pensez-vous de ceux qui changent fréquemment d'amis ?*

Qu'ils ont raté le bonheur d'être les artisans d'une amitié. Ils ne connaissent pas le plaisir de cheminer à deux, de bâtir une relation durable et la voir s'épanouir. Habituellement, nous cherchons à garder nos amis le plus longtemps possible car nous tendons à conserver les liens qui nous ressourcent et à nous stabiliser. Autant la découverte du nouveau nous excite, autant la conservation du même nous apaise et nous repose. En psychanalyse on dit souvent que l'attrait pour le déjà connu est mille fois plus fort que l'appel du nouveau. Pourquoi ? Parce qu'au fond nous aspirons à une tranquillité d'âme et à une stabilité définitives. Justement, l'un des premiers pas dans notre quête de stabilité est de protéger instinctivement nos relations affectives et à en tirer un indéfinissable sentiment de continuité. Sans doute évoluons-nous, mais au-delà du temps qui passe, nous tenons à confirmer régulièrement que nous sommes toujours les mêmes et que l'essentiel de notre identité reste inchangé. Rien n'est plus rassurant !

Or dites-vous bien que ceux qui changent souvent d'amis sont peu habités par cette tendance conservatrice propre à la nature humaine. Soit par susceptibilité ou par infatuation, les inconstants se défendent de vivre l'expérience unique d'une relation sûre, paisible, fondée sur l'accord intime de deux sensibilités.

❑ *Mais pourquoi cette vanité des inconstants ?*

À vrai dire, plus que de vanité, il s'agit de fuite. Les inconstants refusent de s'attacher de peur d'être dominés ou, au contraire, abandonnés par l'autre. Craintifs, ils préfèrent anticiper la rupture plutôt que prendre le risque de la subir, rejeter l'ami avant d'être rejetés. Par contre, les amis fidèles ont beau essuyer des crises dans leur amitié, ils gardent toujours une inaltérable confiance qui leur procure le plus doux des plaisirs, celui de l'insouciance.

❑ *Et vous, comment élisez-vous vos amis ?*

Je me laisse porter par mon intuition et, en général, cela me réussit. C'est ainsi que j'ai la chance de pouvoir compter aujourd'hui sur de vieux amis qui me confortent dans ce que je fais et ce que je suis. Tout est là ! Être conforté dans l'image de soi. À ce propos, j'ai souvent présent à l'esprit une maxime que je me suis forgée et qui me guide depuis longtemps : *Un ami est celui avec lequel je me sens heureux d'être moi-même.*

Cela étant, je n'oublie pas que, dans un cercle d'amis, il en est toujours qui nous font douter de nous-même et d'autres qui nous encouragent. Et cette différence est capitale, car nous sommes ainsi faits que nous favorisons tout ce qui peut affermir notre image narcissique. Aussi certains amis nous font-ils du bien, dans la mesure où ils stimulent l'amour de soi, tandis que d'autres nous font du mal parce qu'ils l'affaiblissent. Il arrive pourtant que, par crainte de la solitude ou par lâcheté, certains d'entre nous – et j'en ai quelquefois souffert – acceptent l'ami qui les dédaigne, alors qu'ils devraient très vite s'en éloigner. Vous comprenez maintenant pourquoi l'amitié peut également se définir comme le lien où l'amour d'autrui et l'amour de soi s'identifient. Que l'autre veuille pour moi ce qui est bon pour moi-même, voilà le signe incontestable d'une véritable amitié.

Je ne voudrais pas terminer sans rappeler combien les grandes amitiés du passé ont infléchi notre destin. Faites cette expérience : évoquez les visages de vos meilleurs camarades de jeunesse – garçons ou filles –, interrogez-les et vous découvrirez qu'ils sont intervenus dans vos choix décisifs : un tel m'a présenté celle qui deviendra ma femme, cet autre m'a fait connaître *L'Interprétation des rêves,* et avec celui-là nous avons partagé le plaisir de penser. L'amitié, c'est cela : un éveil à deux. Chacun conduit l'autre à découvrir en lui-même une richesse insoupçonnée.

*

Comment parler vrai à son enfant ?

❏ *Parlons maintenant de l'enfant. Quels conseils donneriez-vous aux parents pour mieux communiquer avec leurs enfants ?*

Je vous répondrai d'abord que le premier échange avec l'enfant a déjà lieu bien avant sa naissance. Pour les parents, désirer sa venue, être heureux de le sentir bouger dans le ventre de la mère, et encore plus heureux de le voir naître, c'est déjà communiquer avec lui et l'accueillir dans notre monde.

Or le conseil le plus utile que je peux donner aux parents désireux de mieux dialoguer avec leur enfant, est de s'adresser à lui comme je m'adresse à vous en ce moment, c'est-à-dire en le tenant pour un véritable interlocuteur. Il faut savoir que l'enfant, aussi petit soit-il, percevra pleinement notre intention si nous lui parlons avec la ferme conviction qu'il comprend ce qu'on lui dit. Un nouveau-né par exemple ne saisira pas la signification de nos phrases, mais il captera intuitivement l'essentiel de notre message.

❑ *Mais concrètement comment lui parler ?*

Il est fondamental de lui parler en le regardant bien dans les yeux, avec des mots authentiques qui nous viennent spontanément du cœur. Et si la mère est étrangère, qu'elle n'hésite surtout pas à lui parler dans sa langue d'origine ; un petit n'est nullement perturbé par le mélange des cultures.

Il faut aussi choisir le moment le plus favorable et lui tenir des propos qui le concernent. Inutile de faire de longs discours ! Au contraire, on doit employer peu de mots, simplement, en les prononçant distinctement. J'insiste encore pour que les adultes, en s'adressant à l'enfant, soient convaincus qu'il comprendra ce qu'on lui dit. C'est une condition essentielle à tout dialogue fécond. Nous savons que les plus belles paroles restent étouffées si elles sont dites sans la certitude que l'autre sera touché. Si un père, par exemple, est certain d'être compris par son fils, l'inflexion de sa voix et la mélodie de ses phrases seront si vibrantes qu'elles atteindront, plus vibrantes encore, l'âme de l'enfant. Quand une mère, le matin, confie son bébé à la crèche et lui dit : « Je dois aller travailler maintenant, Madame Annette va bien s'occuper de toi et je reviendrai te chercher cet après-midi à cinq heures », elle lui adresse un message clair, vrai et rassurant ; rassurant parce que la mère quitte son enfant l'esprit tranquille.

❑ *Voilà une maman modèle ! Mais que ressent le bébé séparé de sa mère pendant toute la journée ?*

Il souffre, c'est indéniable, mais si la séparation est accompagnée d'une parole opportune comme celle de cette maman qui prend le temps d'expliquer la situation nouvelle, la souffrance disparaît , et s'installe un sentiment de sécurité qui apaise l'enfant jusqu'à une prochaine crise de croissance où il devra une fois encore quitter le connu et affronter l'inconnu. C'est alors qu'il faudra l'accompagner dans ce passage délicat, comme dans tous les autres à venir, en lui expliquant les difficultés et les satisfactions qui l'attendent.

❑ *Et les mères qui ne savent pas parler ?*

Toutes les mères savent parler ! Je veux dire, toutes les mères qui sont heureuses de l'être. Le problème n'est pas de savoir parler, mais d'être apaisante dans la parole dite ; le problème, ne vient pas des mots, mais de la manière dont ils sont dits. La force d'une parole ne réside pas dans le sens qu'elle véhicule mais dans l'émotion qui l'anime ; ce n'est jamais le verbe qui opère mais la présence qui en émane. Bref, les mots restent les plus formidables amortisseurs d'une épreuve difficile, à condition qu'ils soient emplis de vie.

*

Les 7 crises qui font grandir un enfant

❑ *Vous avez parlé de « crises de croissance ». Qu'entendez-vous par « crise » ?*

Le développement physiologique, psychologique et social de l'enfant ne suit pas une ligne uniforme mais progresse par poussées discontinues, chacune étant une crise de croissance. Lors de chaque crise, l'enfant s'arrache au connu pour affronter l'inconnu ; il quitte un état confortable mais inadapté à son âge, pour se lancer à la conquête de pouvoirs neufs, que ce soit sur le plan de la sensibilité, de l'intelligence, de la motricité ou encore de la sociabilité. Ainsi, chaque crise est-elle un bond en avant, le saut d'un état anachronique vers un état nouveau. Bien entendu, chaque enfant progresse, se stabilise et parfois même régresse, suivant un rythme qui lui est propre. Tel petit garçon par exemple, peut momentanément refuser d'aller sur le pot bien qu'il contrôle parfaitement ses sphincters ; il préfère alors garder ses couches et rester bébé.

❑ *C'est une régression ?*

Oui, une régression saine et nécessaire que les parents doivent respecter. Car, un enfant qui régresse, c'est-à-dire qui refuse de franchir un cap, est toujours un enfant qui ne se sent pas prêt à aller de l'avant. La meilleure manière de l'aider est alors d'accepter son repli plutôt que de le forcer à grandir. Le moment venu, soyez-en sûr, il sera présent là où il est appelé à être, surtout s'il sait que ses parents le comprennent et ne sont pas impatients de le voir progresser.

Mûrir est donc, pour un enfant, faire l'expérience renouvelée de perdre et de gagner : perdre la sécurité d'hier, et gagner une sécurité nouvelle. Si vous voulez, on pourrait schématiser en disant que toute crise de croissance présente deux facettes, ce que l'enfant perd et ce que l'enfant gagne, ou encore : ***Ce que l'enfant quitte*** et ***Ce que l'enfant conquiert***.

Cependant, à ces deux mouvements de renoncement et de conquête, il faut ajouter celui de la sédimentation des acquis, car grandir est aussi cumuler les bénéfices des différentes épreuves déjà surmontées. Donc, au-delà de ce qu'il perd et de ce qu'il gagne, il y a ***Ce que l'enfant gardera toujours***. C'est ainsi que se fonde la base de la personnalité. En résumé, je dirai que toute crise de croissance comporte trois mouvements simultanés : *renoncer* à l'état antérieur, *conquérir* l'état à venir et *engranger* le meilleur du passé. Autrement dit : l'enfant grandit en se détachant douloureusement des personnes et des choses devenues caduques, en se surpassant, et en conservant ses acquisitions essentielles.

❑ *Chronologiquement, quelles sont les principales crises qu'un enfant doit affronter ?*

Si vous considérez la période qui va de la naissance à la fin de l'adolescence, on peut dénombrer sept crises que l'enfant devra traverser pour accéder à l'âge adulte. Je les ai appelées « ***Les 7 crises qui font grandir*** », chacune étant une marche de l'escalier programmé de la vie. Dans l'ordre chronologique, ces crises sont :

- la **naissance**
- le **sevrage** (de 3 à 6 mois)
- la découverte de la **marche** et du **langage** (de 1 à 3 ans)
- la **première scolarisation** (entre 2 et 5 ans)
- la **découverte de la vie intérieure** (vers 6/7 ans)
- le **premier amour** hors de la famille (entre 13 et 15 ans)
- le **départ de la maison** (entre 18 et 25 ans).

Je vous rappelle que chacune de ces crises comporte trois temps : *Ce que l'enfant quitte ; Ce qu'il conquiert ;* et *Ce qu'il gardera toujours.*

Dans les pages qui suivent, chaque crise est
représentée par un tableau qui détaille
ses 3 mouvements :

Ce que l'enfant quitte → ***Ce que l'enfant conquiert***

↘

Ce que l'enfant gardera toujours

1. LA NAISSANCE

Ce que l'enfant quitte

L'état passif et fusionnel
de la vie fœtale.

Ce que l'enfant conquiert

L'état actif et désirant
de la vie aérienne.

Ce que l'enfant gardera toujours

Le désir et le plaisir de dormir.
La sensation élémentaire d'être vivant.

Figure 1

2. LE SEVRAGE
– de 3 à 6 mois –

Ce que l'enfant quitte

- Le sein de la mère vécu par l'enfant comme une partie de lui-même.
- Le primat de la bouche (succion) pour appréhender le monde.

→

Ce que l'enfant conquiert

- L'aptitude à se nourrir d'aliments de plus en plus solides qui sont ressentis par l'enfant comme des choses distinctes de lui-même.
- La bouche et la gorge, organes sonores du langage : lallation puis babillage.

↘

Ce que l'enfant gardera toujours

Le désir et le plaisir de sucer.

Figure 2

3. LA DÉCOUVERTE DE LA MARCHE ET DU LANGAGE – de 1 à 3 ans –

Ce que l'enfant quitte

- La locomotion à quatre pattes.
- Le babillage.
- Le sentiment d'indifférenciation entre soi et les autres.
- Le monde fermé du couple mère-enfant.

→

Ce que l'enfant conquiert

- La marche qui lui permet de s'approcher et de s'éloigner de la mère.
- Ses premières phrases, ses premiers « Non ! » et ses premiers « Je veux ! ».
- Le pouvoir de contrôler ses sphincters et la fierté de maîtriser son corps.
- La prise de conscience de la différence entre soi et les autres.
- La perception de sa mère comme une personne indépendante de lui.
- La reconnaissance de son père comme une personne différente de la mère.

Ce que l'enfant gardera toujours

Le désir et le plaisir d'être en couple.

Figure 3

4. LA PREMIÈRE SCOLARISATION
– entre 2 et 5 ans –

Ce que l'enfant quitte

- Le nid rassurant de la famille.
- L'idée que son père et sa mère ont le même sexe.

Ce que l'enfant conquiert

- Les premiers échanges hors de la famille. Les premières amourettes. Le sens de l'amitié.
- L'idée que son père est un homme et sa mère, une femme.
- Son désir en tant que fille ou en tant que garçon.

Ce que l'enfant gardera toujours

Le sens de la famille.

Figure 4

5. LA DÉCOUVERTE DE LA VIE INTÉRIEURE – vers 6/7 ans –

Ce que l'enfant quitte

- La conviction que ses parents connaissent toutes ses pensées.
- L'impudeur et l'innocence enfantine.

Ce que l'enfant conquiert

- L'âge de raison et la conscience de la mort.
- La découverte de la vie intérieure. Premiers secrets et premiers mensonges.
- La pudeur, la honte et la culpabilité.
- Le plaisir des rêveries solitaires.

Ce que l'enfant gardera toujours

L'innocence, le plaisir de se livrer à autrui en toute confiance, et l'envie de partager sa pensée et ses émotions.

Figure 5

6. LE PREMIER AMOUR HORS DE LA FAMILLE – entre 13 et 15 ans –

Ce que l'enfant quitte

L'amour exclusivement familial.

→

Ce que l'adolescent conquiert

- L'amour d'un partenaire choisi hors de la famille.
- La découverte de la sexualité et l'affirmation de son identité sexuelle.

↘

Ce que l'adolescent garde de son enfance

L'empreinte ineffaçable de l'attachement aux parents (amour-haine).

Figure 6

7. LE DÉPART DE LA MAISON
(Fin de l'adolescence et entrée dans l'âge adulte)
– entre 18 et 25 ans –

Ce que le jeune quitte

Le monde de l'enfance et de l'adolescence.

→

Ce que le jeune adulte conquiert

- L'autonomie matérielle.
- Des projets et des idéaux sociaux.
- Le goût de l'effort et du dépassement de soi.
- La capacité de transiger.

Ce que le jeune adulte garde de son enfance

L'enfant dans l'adulte, la soif d'apprendre, le plaisir de créer, les joies de l'amitié et l'esprit critique.

Figure 7

Florent, Louise..., le premier rendez-vous de l'enfant avec son psychanalyste

❑ *Toujours à propos des enfants. Pour quels problèmes vous consulte-t-on généralement ?*

C'est très variable mais les motifs les plus courants qui conduisent les parents à faire appel à un psychanalyste sont les retards de langage, l'échec scolaire, les phobies, les troubles du sommeil et de l'alimentation, l'énurésie ainsi que les comportements agressifs et colériques.

Je vous précise tout de suite qu'avec certains enfants, il n'est pas toujours nécessaire d'engager une thérapie. Par exemple, ce n'est pas parce qu'un petit garçon de quatre ans souffre d'incontinence urinaire qu'il faut immédiatement conseiller une cure. À cet âge, l'incontinence n'est qu'une régression passagère et ce serait un abus de parler d'énurésie. Soyons clairs, l'analyse d'un enfant est une démarche importante qui ne doit pas être entreprise à la légère. Mieux vaut donc rester prudent avant de l'indiquer. C'est seulement à l'issue du deuxième ou du troisième entretien que je pourrai conclure à la nécessité ou non d'une thérapie. Si finalement l'analyse est décidée, je ferai tout mon possible pour qu'elle soit de courte durée.

❑ *Et si l'enfant refuse de revenir ?*

Cela arrive rarement. Mais quand un enfant ne veut pas s'engager, j'ai pour règle de ne jamais le forcer. Le contraindre à venir aux séances serait une erreur parce qu'amorcer une thérapie sans son plein accord conduirait à coup sûr à l'échec. C'est pourquoi il est indispensable que le petit patient soit vraiment motivé pour démarrer une cure. Cependant, il se peut qu'un enfant, réticent en arrivant, quitte la première séance avec l'envie de revenir.

❑ *Je suppose que vous n'utilisez pas le divan avec les enfants ?*

Non, bien sûr ! Je ne propose le divan qu'aux adultes et à certains adolescents et, qui plus est, jamais au début du traitement. Je reçois l'enfant autour d'une petite table, véritable chantier de l'inconscient enfantin. Avec lui, j'utilise tous les moyens possibles d'échange et de communication tels que le dessin, la peinture, la pâte à modeler, quelques petits objets et, bien entendu, les mimiques et la parole.

Je voudrais ici m'arrêter sur une particularité dans ma façon d'accueillir le petit patient la première fois. En effet, lors de l'entretien initial, je ne fais jamais entrer les parents avant d'avoir vu l'enfant tout seul. À l'inverse de ce qui se pratique couramment, je préfère le recevoir d'abord, et c'est seulement après une vingtaine de minutes en tête à tête avec lui que je retourne vers la salle d'attente et invite ses parents à nous rejoindre. Après les premières séances avec l'enfant, je reçois la mère puis le père séparément, à une ou deux reprises ; enfin, à l'issue du traitement, je les revois tous ensemble une dernière fois pour faire le bilan du travail accompli.

❑ *Et pourquoi recevoir l'enfant sans ses parents ?*

Pour plusieurs raisons. D'une part, parce que je voudrais qu'il se sente mon interlocuteur privilégié et pressente qu'il détient, lui, la clé du problème. D'autre part, je sais d'expérience que le début de la première rencontre avec l'enfant, et en général avec tout autre interlocuteur, est un moment précieux où nous sommes saisis par la force incomparable des premières impressions. L'impact initial est toujours le plus pénétrant et ineffaçable. Combien de fois ai-je été ému de retrouver à la fin d'une cure, dans la bouche d'un analysant, les mêmes paroles prégnantes du début, alors que tant de choses avaient changé ! Croyez-moi, le premier rendez-vous est, pour le praticien, un instant exceptionnel à ne pas manquer, car il contient en germe l'essentiel de ce qui surgira plus tard.

À propos des premières fois, une question me poursuit depuis longtemps. Pourquoi sommes-nous si sensibles à la nouveauté ? Qu'y a-t-il dans le tout premier contact qui nous exalte, nous angoisse et nous rend si perméables à l'autre ? Aujourd'hui, je me dis que l'excitation des commencements ne s'explique que par le goût de la surprise et le désir d'éternelle jeunesse. Chaque relation nouvelle est au fond une nouvelle naissance et *a fortiori* le premier rendez-vous. Rien n'est plus vivifiant que la fraîcheur d'un premier entretien quand le patient s'avance seul vers l'inconnu et le thérapeute s'ouvre à l'inattendu. Chacun d'eux ramasse en lui son passé, s'unifie et offre, au premier instant de la rencontre, sa nouvelle virginité. Deux innocences scellent ainsi l'union : la candeur d'un sujet qui se confie, et la curiosité d'un analyste qui a tout à apprendre. Celui qui demande à être entendu est aussi innocent que celui qui s'apprête à l'écouter.

Vous comprenez maintenant pourquoi je préfère ignorer tout de l'enfant lorsque je le vois pour la première fois. Déjà, quand une mère me téléphone pour prendre rendez-vous, je ne m'enquiers jamais du motif de consultation. Par contre, j'attache la plus grande importance à ce contact téléphonique, parce qu'il permet de préparer la rencontre initiale. Après avoir fixé une date, je précise à la mère que, lorsque le petit l'interrogera sur la raison du rendez-vous, elle devra lui répondre spontanément ce qu'elle en pense. Je lui conseille aussi de préciser à son fils ou sa fille qu'elle a « appelé le Docteur Nasio », tout en lui recommandant de prononcer clairement mon nom afin que l'enfant le retienne. Je lui demande encore de lui rappeler mon nom et la date du rendez-vous, deux ou trois fois dans la semaine qui précède la consultation, en particulier la veille au soir. Vous imaginez bien qu'en m'adressant ainsi à la mère, je suscite sa confiance, et au-delà, celle du père et de l'enfant. Le seul fait qu'un psychanalyste donne par téléphone des directives aussi simples procure à la mère le sentiment rassurant que son enfant est d'ores et déjà pris en charge. Quant au petit patient, connaître le nom de l'analyste avant même de le rencontrer constitue une entrée directe dans le transfert. Pour un enfant – et pour tous les patients en général –, le nom du praticien est fondamental. Je considère que le transfert est un attachement affectif au thérapeute qui passe d'emblée par l'impact du nom propre. Quand on consulte un analyste, il faut savoir que son nom est le premier ancrage transférentiel. Le transfert, disons-le, est avant tout l'amour d'un nom.

❑ *Concrètement, comment procédez-vous lors du premier rendez-vous avec l'enfant ?*

Je vais dans la salle d'attente, salue les parents et, m'adressant à l'enfant – par exemple une petite fille de 3-4 ans – je lui dis : *« Bonjour, Louise. Entre... »* Invariablement, les parents se lèvent pour l'accompagner, mais j'interviens aussitôt : *« Un moment, je vous prie ! Je verrai Louise d'abord et vous recevrai ensuite. »* Devant mon invitation, l'enfant hésite, puis accepte timidement de me suivre. Une fois dans le bureau, sans en fermer la porte, je lui montre la pièce où je travaille, la petite table où nous allons nous asseoir l'un en face de l'autre, le tabouret où elle prendra place et les deux chaises préparées pour ses parents. Je m'assieds au bord de mon fauteuil et demande à Louise, toujours hésitante, de refermer la porte derrière elle. Finalement, elle se dirige vers la petite table sur laquelle j'ai disposé des feuilles, des feutres, de la pâte à modeler et une boîte contenant des objets hétéroclites tels que des ciseaux à bouts ronds, un sifflet, des billes, un miroir, des coquillages, etc.

J'invite donc Louise à s'asseoir et, ne sachant rien d'elle ni de son histoire, lui demande :

– *Connais-tu mon nom ?*

Quelquefois, l'enfant fait « non » de la tête. Je me présente alors :

– *Je suis le Docteur Nasio,* tout en écrivant mon nom à l'envers pour qu'elle puisse le lire, même si elle ne sait pas encore déchiffrer. De même, je lui propose de m'écrire son propre nom. Je lui dis ensuite :

– *Tu sais de quoi je m'occupe ?*

– *Je ne sais pas,* me répond-elle intimidée.

– *Je reçois des enfants comme toi, parfois des plus grands, parfois des bébés ou des grandes personnes qui tous viennent me voir pour me raconter leurs soucis. Tu sais ce qu'est un souci ?*

Souvent, les réponses sont étonnantes. Je me souviens d'un petit de trois ans qui m'avait un jour tout bonnement répliqué : « *J'ai un rhume... !* » Et moi, amusé, de lui préciser en souriant que je n'étais pas un docteur de rhumes, mais un « docteur de soucis ». Après avoir expliqué qu'un souci c'est quand on pleure, quand on n'est pas content ou qu'on a peur, j'enchaîne :

– *Et toi, quel est ton souci ? Pourquoi viens-tu me voir ?...*

C'est ainsi que s'amorcent habituellement les premiers échanges avec un enfant.

❑ *Et ensuite, que se passe-t-il ?*

J'aimerais vous répondre en vous racontant le cas de Florent, un garçon de huit ans qui m'a été adressé pour des troubles du sommeil. Lors du premier entretien, je lui demande à quoi il pense pendant ses insomnies et s'il est assailli par des idées noires. Il me dit que non, et là-dessus, à ma grande surprise, il fond en larmes. Après un court silence, je l'interroge :

– *Pourquoi pleures-tu ?*

– *Parce que j'ai mal ici* (curieusement, il me montre le creux de sa joue).

– *Que t'est-il arrivé ?*

– *C'est Marc et Karim qui m'ont tapé hier dans la cour.*

Peu à peu, je découvre que Florent est un enfant déprimé, malmené par ses copains de classe, terrorisé chaque matin à l'idée d'aller à l'école. En vérité, l'insomnie n'est qu'une manifestation secondaire de sa tristesse. Après ce dialogue prégnant, je conclus la première partie de la séance en lui exprimant mon sentiment :

– *Florent, ton problème n'est pas le mauvais sommeil, c'est plutôt ta peur d'être battu par des garçons qui ne t'aiment pas ; et c'est ce qui te rend triste. Par conséquent, la première décision à prendre est de changer d'école et, si tu le veux bien, de venir me parler jusqu'à ce que tu te sentes mieux. Mainte-*

nant, je vais faire entrer ton père et ta mère et leur demander : « Florent vient de m'expliquer pourquoi il voulait me voir, et vous, Monsieur et Madame, pourquoi d'après vous fallait-il que Florent me consulte ? » Et je poursuis, m'adressant toujours à l'enfant : *« Nous allons voir ce que tes parents vont dire... »* Ainsi se crée entre nous une complicité spontanée, car l'enfant et moi sommes devenus des alliés face à la réponse attendue du père et de la mère.

Je vais donc chercher les parents dans la salle d'attente et procède comme prévu. Toujours en présence de Florent, je m'informe du motif de leur démarche. Ils répondent que le problème de leur fils, c'est sa difficulté à trouver le sommeil, doublé d'une excessive timidité. Dans leurs propos n'apparaissent à aucun moment les vraies causes de la souffrance de l'enfant, à savoir la terreur d'être battu, la dépréciation de soi et l'angoisse de l'école. À la fin de l'entretien, je leur fais part de mes conclusions et conviens avec Florent de la nécessité d'engager une cure.

❑ *Et l'analyse de ce garçon s'est-elle bien terminée ?*

Oui, très positivement, puisque Florent a non seulement recouvré le sommeil mais s'est aussi senti reconnu par de nouveaux copains dans sa nouvelle école. La cure, qui a duré six mois, fut marquée par une séance décisive au cours de laquelle l'enfant réalisa un dessin qui, selon moi, symbolisait le motif de sa tristesse. Il représentait un personnage massif au visage méchant et aux mains énormes, tenant en laisse un petit chien à l'air miséreux. Cette image m'a immédiatement fait comprendre que Florent voyait la réalité déformée à travers le prisme d'un sentiment non conscient d'humiliation. Sentiment que je lui ai dévoilé en commentant son dessin avec des mots accessibles.

Notez au passage que très souvent les enfants battus – même occasionnellement – dessinent des bonshommes aux mains disproportionnées, larges et fortes comme des battoirs. Ainsi l'inconscient de l'enfant châtié guide-t-il subtilement le crayon pour agrandir les mains, c'est-à-dire la partie du corps de l'autre la plus chargée affectivement.

Disons tout de suite qu'après cette séance du dessin, Florent s'est senti soulagé et que le traitement est entré dans sa phase finale. Que s'est-il passé ? Pourquoi les symptômes ont-ils disparu ? L'enfant a fait son dessin juste après que je lui ai rapporté le contenu de mon entretien avec son père, la veille de la séance. Entre autres choses, je lui ai dit que son père regrettait de l'avoir quelquefois tapé. J'ai ajouté que je m'étais aperçu à quel point son père était exigeant et combien lui, Florent, devait se sentir petit devant lui. C'est alors que, sans mot dire, il s'est mis à dessiner le bonhomme et le chien.

❑ *Pourquoi avoir pensé que son dessin exprimait l'humiliation ?*

Pas seulement l'humiliation, mais aussi curieux que cela puisse vous sembler, le *plaisir de l'humiliation.* C'est cette coexistence de la douleur et du plaisir que nous appelons le masochisme moral du névrosé : prendre plaisir à se sentir humilié. Sans doute Florent était-il à cette époque parasité dans son inconscient par une scène masochiste qui lui faisait croire qu'il ne pouvait être aimé sans être rabaissé par un autre.

En observant les deux personnages du dessin, le maître brutal et le petit chien battu, j'ai réalisé que le garçon était sous l'emprise d'une scène mentale non consciente qui lui faisait voir le monde comme un monde cruel où les victimes détestent et aiment leurs bourreaux. Ayant identifié Florent au petit chien malheureux du dessin, j'ai *senti* que ce garçon confondait le plaisir d'être aimé et la douleur d'être méprisé. Je souligne le mot « senti » parce que j'ai ressenti par identification avec le personnage « Florent-petit chien », ce qu'était le plaisir de l'humiliation. Pour ainsi dire, j'ai entendu résonner en moi les sanglots plaintifs mais aussi complaisants du Florent humilié. Puis, en m'adressant à lui, j'ai essayé de verbaliser dans les termes les plus justes possibles cette émotion, mélange de plaisir et de douleur.

❑ *Que lui avez-vous dit ?*

Je lui ai fait remarquer que le chien tenu en laisse devait se sentir protégé, même si son maître avait l'air de se fâcher souvent après lui. Il m'a confirmé qu'en effet le maître le faisait souffrir mais que le chien l'aimait beaucoup quand même. Or, le dialogue s'est ainsi poursuivi jusqu'à ce que Florent découvre par lui-même combien être aimé signifiait pour lui être maltraité, que ce soit par son père ou par ses camarades. Comme je vous l'ai précisé tout à l'heure, la cure s'est terminée peu après cette séance du dessin. Je pense que la prise de conscience par Florent de son attitude ambivalente l'a libérée de son fantasme masochiste.

J'aimerais ajouter que si mon intervention a eu des effets positifs, c'est bien parce que l'enfant en dessinant a ouvert la porte de son inconscient et m'a donné à voir, en toute innocence, la projection graphique de son fantasme masochiste. Il faut savoir que tous nos patients, enfants et adultes, ont une part active sur le chemin de leur guérison. Un progrès accompli dans la cure est toujours un pas partagé entre l'analysant et l'analyste. L'un laisse affleurer son inconscient, l'autre l'attrape au vol et le traduit en mots. Vous comprenez, si Florent n'avait pas fait ce dessin, je veux dire s'il n'avait pas mis en image son inconscient, je n'aurais jamais compris que le désir morbide de ce garçon était de se laisser humilier pour se sentir aimé.

Cependant, ma compréhension intellectuelle du dessin aurait été incomplète sans ma compréhension émotionnelle. Comme je vous le disais, c'est grâce à mon identification au personnage « Florent-petit chien humilié » que j'ai pu éprouver son vécu masochiste et l'exprimer en mots. En fait, je n'ai pas *vu* le personnage composite « Florent-petit chien humilié » – puisque seul le chien était dessiné – mais *je me suis senti dans le corps de ce personnage que j'ai imaginé.*

Vous mesurez combien *l'identification émotionnelle* est pour l'analyste une opération psychique difficile ; elle permet au praticien expérimenté de percevoir en lui-même les sentiments inconscients du patient. Rappelez-vous notre métaphore des plongeurs du *Grand Bleu*. Pour le thérapeute, l'identification dont je parle ne signifie pas se mettre à la place de l'enfant réel assis devant lui, mais se mettre dans la peau de l'enfant qu'il imagine. Qu'il imagine, bien entendu, à partir non pas d'une rêverie personnelle, mais de tout ce qu'il sait de l'histoire du petit patient. Pour terminer, je dirai que le psychanalyste est un intermédiaire entre l'*enfant imaginé* dans son esprit et l'*enfant réel* de la séance. Ainsi je m'efforce d'être le pont qui relie l'un à l'autre, le messager qui raconte à l'enfant présent dans la séance ce que j'ai appris de l'enfant inconscient. Je me dis toujours que le psychanalyste est un *diseur de l'inconscient.*

*

Le charme d'Albertine

❑ *À présent, parlons un peu de vous. Comment est née votre vocation de psychanalyste ?*

J'ai passé ma jeunesse en Argentine, baigné dans l'univers de la médecine et des livres. Mon père était un gastro-entérologue réputé qui a consacré toute sa vie à la recherche scientifique et à l'écriture d'ouvrages aussi bien médicaux que littéraires. C'était un humaniste et un clinicien passionné par le travail avec ses malades. À ce propos, je voudrais vous raconter un souvenir d'enfance qui m'est cher. Alors que j'avais à peine douze ans, mon père prit l'habitude de m'emmener à l'hôpital pour « l'assister » dans ses consultations. J'enfilais une blouse blanche et me tenais auprès des patients lorsqu'ils subissaient des examens souvent très pénibles. Le plus horrible de tous était certainement l'œsophagoscopie. Pour un malade, supporter l'introduction dans l'œsophage d'un gros tube métallique de vingt centimètres de long est, sans aucun doute, une expérience éprouvante. Je me souviens que mon père, avant de commencer l'intervention et pour détendre l'atmosphère, disait au malade : « Monsieur, je vous présente mon fils

Juan-David, futur médecin, qui aujourd'hui vous accompagnera. Maintenant, je vous demande, s'il vous plaît, de vous relaxer et de respirer profondément. » Durant l'intubation, je m'approchais donc du malade et tentais de le réconforter. Aujourd'hui, je vois dans ce geste de soutien l'ébauche du psychanalyste que j'allais devenir.

Quelques années plus tard, comme mon père l'avait pressenti, je débutais mes études médicales. Une fois médecin, je me suis spécialisé en psychiatrie, puis j'ai décidé de venir en France, dans le but d'approfondir ma connaissance de la culture française et d'étudier la psychanalyse lacanienne. Je suis donc arrivé à Paris en 1969 pour m'y installer définitivement.

❑ *C'est là que vous avez rencontré Lacan pour la première fois ?*

Oui. Je garde un souvenir très net de ma première rencontre avec Lacan. J'étais jeune et intimidé, parlant difficilement le français, mais porté par le sentiment exalté de vivre un rêve et connaître enfin celui qui, à cette époque, incarnait l'avenir de la psychanalyse. En face de moi, se dressait la figure imposante d'un homme symbolisant le savoir, le pouvoir et la force de créer.

❏ *Comment Lacan était-il ?*

Il affichait, comme toujours, un extrême soin de sa personne avec ses cheveux grisonnants impeccablement coiffés en arrière, sa chemise blanche à l'invariable col Mao et sa veste insolite aux reflets chatoyants, parmes et jaunes. Mais au-delà de sa préciosité, je ressens encore la puissance de son regard à la fois distant et pénétrant. Je me souviens en particulier de son sourire de satisfaction lorsqu'il a su que je venais me former dans son École grâce à une bourse octroyée par l'Ambassade de France en Argentine. Il était surpris et ravi d'apprendre que le gouvernement français reconnaissait officiellement son enseignement au point de financer les études à Paris d'un jeune psychiatre étranger.

❏ *Vous êtes ensuite devenu son patient ?*

Non. Je n'ai pas été son patient mais un élève assidu. J'ai eu la chance de le fréquenter en privé à plusieurs reprises pendant l'année où nous avons revu ensemble la première édition en espagnol de ses *Écrits*. Il n'avait pas aimé la traduction et voulait qu'un psychanalyste hispanophone et familier de sa pensée, la corrige. Nos rendez-vous de travail avaient lieu le soir après ses consultations, dans des restaurants du 7e arrondissement dont il était coutumier, et quelquefois, le dimanche matin, à Guitrancourt, dans sa maison de campagne. J'ai eu ainsi le rare privilège de clarifier directement avec le maître beaucoup de passages obscurs de son livre. Je vous avoue que dans ce climat d'intimité intellectuelle, il m'est arrivé de multiplier sciemment mes questions et de le pousser à expliciter nombre d'allusions qui, pour le lecteur ordinaire des *Écrits*, restaient énigmatiques.

Plus tard, une fois intégré dans la communauté des élèves proches, je fus amené à établir avec lui une relation plus formelle. Ainsi, durant sept ans, je me déplaçais chaque semaine rue de Lille pour lui soumettre mon travail avec les patients.

❑ *Vous ne parliez que de votre activité clinique ?*

Non. Quelquefois nos échanges portaient sur un problème conceptuel souvent lié à ma pratique. Mais que ce soit à propos de patients ou à propos de théorie, je n'oublierai jamais la richesse de ces séances de supervision. Cela étant, l'expérience la plus inoubliable qu'il me fut donné de vivre au cours de ces années eut lieu un mardi du mois de mai 1979. Ce jour-là, j'eus l'honneur – rare à l'époque – d'être invité par Lacan à prononcer, devant l'immense auditoire de son Séminaire, une conférence sur un thème dont je l'avais entretenu quelques mois auparavant. Jamais je n'aurais pensé que son intérêt pour mon travail le conduirait à me proposer d'intervenir publiquement. Tout se joua en 24 heures. Le lundi matin, arrivant à ma séance de contrôle, je n'entendis qu'une seule phrase : « Nasio, demain mardi, vous ferez mon Séminaire ! » Vous imaginez, j'étais abasourdi ! Ayant accepté, je quittai l'immeuble de la rue de Lille et annulai aussitôt toutes les activités de la journée pour travailler sans discontinuité à la rédaction d'un texte qui reste pour moi l'un des plus inspirés que j'ai pu écrire.

❑ *À propos d'écriture, comment vivez-vous votre double culture d'Argentin et de Français ?*

Comme tout un chacun, je suis le produit des innombrables greffes qui, au fil des ans, ont forgé mon unité. Ni vous, ni moi n'échappons à la règle souveraine : nous sommes tous des êtres composites qui naissons « un » et mourons « multiples ». Sans doute, chaque homme est-il une singularité indivisible, mais son âme est plurielle. Personnellement, l'une des greffes qui me constitue est justement la langue française. Une langue que je ne cesse de pétrir comme une argile vivante et dont le souffle scande ma pensée, façonne mon écriture et affine mon écoute de psychanalyste.

Je suis persuadé que la fusion de deux cultures est un formidable stimulant pour la réflexion, et le bilinguisme, une chance pour celui qui le pratique. Pourquoi ? Parce que la lutte permanente pour conquérir la langue d'adoption est un excellent exercice de dissociation et de réunification de soi qui vous assouplit, et vous rend plus ouvert.

❑ *Et votre langue maternelle ?*

Je réside à Paris, je parle, j'écris et rêve même en français, mais le rythme de mes idées, les intonations et les vibrations de ma voix sont profondément argentins. Je dirais que je suis Argentin par le rythme et Français par l'esprit. Cela peut vous paraître surprenant, mais j'ai souvent remarqué que les inflexions et les accents de ma voix décidaient des mots employés. À la limite, je ne pense et n'écris qu'avec les mots que je puis prononcer. En fait, c'est une observation valable pour tous : nous ne parlons et n'écrivons que les phrases accordées au timbre de notre voix. Je me suis toujours demandé par exemple, quelle voix avait Verlaine pour imprimer à ses vers leur mélodie nostalgique si particulière. Je pourrais même généraliser et dire qu'au-delà de la voix, nous n'écrivons que les phrases modulées par les résonances de notre corps. Prenez le cas de l'espagnol ou de l'italien, langues que je pratique, et vous verrez combien leur musique appelle une participation franche et directe du corps. Comme la plupart des Latins, je suis très gestuel et bouge souvent en parlant. Il m'arrive même d'écrire en marchant. C'est en arpentant les jardins de l'Hôpital Sainte-Anne que j'ai rédigé en 1970 mon premier texte publié en français, « Métaphore et Phallus ». Je tournais autour d'un parterre de fleurs jusqu'à ce que les mots me viennent. Alors je montais vite les marches de la bibliothèque pour coucher la phrase sur le papier et redescendais aussitôt dans le jardin chercher de nouveau l'inspiration. Entre la bibliothèque en haut, pleine de l'âme de nos maîtres, et le parc en bas où je croisais souvent des malades, j'apprenais à écrire le français et à réfléchir sur Freud.

❑ *Et aujourd'hui, le vieux maître, vous inspire t-il encore ?*

Absolument ! La lecture de Freud reste pour moi une découverte permanente doublée d'un véritable plaisir, celui de l'entendre réfléchir comme si j'étais assis à ses côtés. Lorsque nous lisons un texte freudien, nous le comprenons et nous nous croyons l'unique destinataire de son message. Les phrases retentissent si fort en nous qu'elles révèlent ce que nous sommes. La connivence entre un écrivain qui dévoile et un lecteur qui se sent mis à nu est une expérience exceptionnelle. En un mot, le plaisir de lire Freud, c'est le plaisir de se sentir intelligent et plus lucide sur soi-même. C'est en cela que Freud est actuel, parce qu'il vibre en nous et nous rend vivants. Précisément, l'art de nous faire accéder à nous-mêmes, cette vitalité que Freud impulse en nous par la pertinence et la finesse de sa pensée, font de lui un auteur résolument moderne. Le jour où cette étincelle s'éteindra, les textes freudiens deviendront obsolètes et ne seront plus qu'une sorte de bible sacralisée et morte.

❑ *Quand avez-vous entendu parler de Freud pour la première fois ?*

Ah ! je garde un souvenir très vif de mon premier contact avec les idées freudiennes. Étant jeune étudiant en médecine, je suis passé un jour devant un amphithéâtre bondé, et, curieux de savoir ce qui s'y disait, je me suis assis dans les derniers rangs. Immédiatement, comme si je venais d'être piqué par un aiguillon, je fus subjugué par l'éloquence d'un professeur qui enseignait la psychanalyse. Puis, j'ai oublié. Bien des années plus tard, j'ai su que ce professeur était Angel Garma, l'un des plus grands psychanalystes de l'époque. Ma rencontre initiale avec la psychanalyse a donc été marquée par une parole d'enseignant. Et me voilà aujourd'hui, à mon tour, enseignant...

❑ *Avec le même allant que ce professeur ?*

Je l'espère ! Enseigner est pour moi un vrai plaisir, et ce plaisir joue un rôle décisif dans la transmission du savoir. Je sais que tout homme passionné passionne ! Souvent, mon enthousiasme stimule l'auditeur et le conforte dans son envie d'apprendre, laquelle, en retour, renforce mon propre entrain.

Quand j'enseigne, je m'efforce d'être clair, c'est-à-dire d'apprendre à l'autre ce qui est déjà en lui à l'état embryonnaire. Enseigner avec clarté, c'est traduire en mots l'idée naissante chez l'élève, lui en faire prendre conscience, et lui donner les moyens de la développer. Voilà pourquoi une idée clairement exposée donne toujours l'impression d'être évidente. Combien de fois, à la fin du cours d'un bon pédagogue, nous sommes ravis de constater que ce que l'on vient d'entendre, nous le savions déjà... sans les mots pour le dire. C'est de cette clarté dont nous avons besoin parce qu'elle nous procure le bonheur de comprendre et nous encourage à penser.

Remarquez que l'art du professeur de faire éclore le savoir de ses élèves rappelle le geste du psychanalyste lorsqu'il interprète les paroles de son analysant. Qu'est-ce d'autre qu'une interprétation, sinon l'intervention du thérapeute qui révèle le conflit enfoui du patient ? Si enseigner c'est nommer le savoir latent de l'étudiant, interpréter c'est nommer le conflit inconscient dont souffre l'analysant. Malgré leurs différences, vous admettrez aisément l'étonnante affinité entre l'acte d'enseigner et l'acte analytique.

Mais en plus d'être clair, j'ai toujours le souci de présenter mon travail de manière à stimuler l'imagination de l'auditeur. J'essaie de personnifier les idées et de leur faire jouer les différents rôles d'une fiction scientifique. Quand j'étudie un concept, je le vois naître, grandir, s'ouvrir à d'autres concepts et, tel un personnage, me raconter sa naissance, sa filiation et son histoire. C'est ainsi que je conçois un écrit théorique : il doit montrer le rythme et les palpitations du concept, ses ruptures soudaines, ses torsions et ses paradoxes. Ce type de transmission qui anthropomorphise une entité abstraite et conduit spontanément l'auditeur à se l'approprier avec son imagination, je l'ai appelé : « *Théâtraliser un concept* ».

Je reconnais être très visuel dans l'approche de la théorie, et parfois je n'hésite pas à mettre en scène les notions les plus formelles. Il m'arrive même, quand je dois expliquer une idée difficile dans le cadre de mon Séminaire, de la mimer en joignant le geste à la parole.

❑ *Par exemple ?*

Récemment, alors que j'exposais le concept de « clivage du moi », je me suis surpris à l'illustrer par un geste typique du schizophrène, qui, en phase de dépersonnalisation, souffre d'un tel clivage. Pendant que je parlais, je reproduisais machinalement l'attitude corporelle que j'ai tant de fois observée chez le psychotique : approcher lentement une main des yeux, la faire pivoter et la regarder fixement tout en se demandant, avec angoisse, si cette main étrange est bien la sienne. Les questions et réactions des auditeurs m'ont confirmé que la mimique de la dépersonnalisation leur avait grandement facilité l'accès à une notion aussi complexe que le « clivage du moi ».

Mais en dehors de mon Séminaire, quand, assis à ma table de travail, je dois approfondir un thème abstrait, la même nécessité de dramatiser s'impose à moi et, tel un metteur en scène, je tente de théâtraliser le concept en créant le suspense d'une intrigue qui se noue, culmine et se dénoue.

❑ *Quel genre d'intrigue ?*

Prenons le cas d'une des notions les plus difficiles de la théorie de Jacques Lacan, celle d'« *objet petit a* ». Concrètement, qu'est-ce que l'objet petit *a* ? Supposons la scène suivante. Un homme nous confie :

– *Je suis follement amoureux d'Albertine.*

Nous lui demandons alors :

– *Mais qu'a-t-elle de si irrésistible ? Est-ce son physique ?*

– *Sans doute*, répond-il.

– *Son intelligence ?*

– *Certainement.*

– *Mais dites-moi, qui est Albertine pour vous ?*

– *Mais c'est la femme que j'aime passionnément !*

– *Oui, mais précisément, qu'est-ce qui vous attire en elle ?*

– *Mais je vous dis, j'aime son corps, sa sensibilité, son talent... Ah ! j'aime aussi qu'elle soit professeur de piano...*

– *Et puis ?*, insistons-nous.

– *Et puis j'aime... Écoutez, je ne sais pas. Ne me posez pas tant de questions ! Je l'aime, un point c'est tout ! Il y a en elle un je ne sais quoi qui me séduit et me captive.*

Eh bien, l'objet petit *a*, c'est justement ce qui fascine et éblouit l'amant. C'est la grâce qui émane d'Albertine. L'objet petit *a*, c'est... Pour mieux me faire comprendre, j'emploierai un mot courant, celui de « charme », le charme de l'aimé. Mais qu'est-ce que le charme ? Je me souviens ici d'un admirable texte de Platon, *Charmide ou de la sagesse morale*. C'est l'un des plus beaux écrits du grand philosophe dans lequel intervient le personnage de Charmide, jeune homme dont l'exquise beauté trouble Socrate. En lisant ce texte, j'ai toujours pensé à la perplexité du vieux maître – pourtant peu enclin à l'émotion – au contact du tendre Charmide. J'imagine Socrate se demander en silence : *Mais pourquoi m'excite-t-il autant ? Pourquoi suis-je si perturbé lorsque ce garçon m'approche ? Est-ce sa beauté, sa vivacité d'esprit ou simplement sa présence ? Qu'est-ce qu'une présence ?* Nous répondons : c'est le charme. Mais qu'est-ce que le charme ? Quel est ce flux envoûtant qui émane d'un être et nous ravit ? Le ravissement, c'est un rapt de séduction, la violence de l'amour. L'amant épris se sent soudain arraché à lui-même, dessaisi de sa liberté et soumis au sortilège de l'aimé. Or, comment expliquer le mystère du charme ? Eh bien, nous ne le pouvons pas. Sans nier la difficulté, Lacan aurait nommé la magie du charme : « objet petit *a* ». L'objet *a* est donc le nom donné à la présence indicible et enivrante de l'aimé, celle qui, dans mon cœur, le rend irremplaçable.

En définitive, qu'est-ce que l'objet petit *a* ? L'objet petit *a*, c'est l'essence de l'aimé. Ce n'est pas *le corps* de l'aimé, ce n'est pas *l'image* de l'aimé, ni même *ce qu'il représente*. C'est tout cela et plus que cela. C'est son irrésistible présence qui, comme un tourbillon, m'aspire et m'emporte. L'objet petit *a*, c'est un creux, un manque, c'est l'autre en tant que manque qui appelle mon désir. Qu'il se nomme Charmide ou Albertine, l'aimé est pour l'amant l'objet toujours à conquérir.

Voilà une courte mise en scène improvisée pour

théâtraliser l'une des notions psychanalytiques les plus subtiles, dont j'espère vous avoir fait sentir la signification profonde, celle de définir l'autre que nous aimons comme le manque qui attise notre désir.

❑ *Appliqueriez-vous la même méthode à un concept freudien ?*

Essayons. Prenons par exemple la manière dont Freud conçoit le fonctionnement de la vie mentale. Rappelez-vous que, d'après lui, notre psychisme est gouverné par la cohabitation de deux groupes de forces antagonistes. Un premier groupe tend en permanence à s'extérioriser – ce sont les pulsions du Ça –, alors qu'un autre groupe s'y oppose fermement – ce sont les tendances du Moi qui font office de censure. Vous avez peut-être vu à la télévision un spot publicitaire montrant un homme qui fait tout ce qui lui passe par la tête : il court dans la rue, embrasse sur la bouche une femme inconnue en train de se disputer avec son ami, puis se déshabille et plonge dans une fontaine. Eh bien, voilà ce que personne n'oserait jamais faire, à moins d'être dément : se livrer sans aucune retenue à ses pulsions les plus primitives. Les pulsions sauvages sont contrecarrées par les tendances raisonnables du Moi conscient. Or il arrive parfois que quelques unes des pulsions primitives forcent le barrage de la censure alors que d'autres échouent et restent enfermées. Le fonctionnement de la vie mentale – et c'est là que j'applique la méthode de la théâtralisation –peut se résumer en quatre grands mouvements : *ce qui pousse, ce qui freine, ce qui passe* et *ce qui reste. Ce qui pousse*, ce sont toutes les pulsions primitives du Ça ; *ce qui freine*, c'est la barrière du refoulement dressée par le Moi ; *ce qui passe*, ce sont les quelques pulsions primitives qui franchissent cette barrière et parviennent à s'extérioriser ; et enfin, *ce qui reste*, ce sont les autres pulsions tout aussi primitives qui, empêchées de sortir, bouillonnent dans l'inconscient. Voilà la guerre entre les pulsions primitives et les pulsions du Moi, guerre imaginable toutes les fois que vous abordez la dynamique du psychisme humain.

❑ *Et que disent aujourd'hui les neuroscientifiques de l'approche psychanalytique du psychisme ?*

Actuellement, il existe une étonnante proximité entre la psychanalyse et les neurosciences. De nombreuses avancées neuroscientifiques rappellent les propositions freudiennes, au point que certains chercheurs évoquent un « inconscient neuronal » et que d'autres confirment plus particulièrement le mécanisme du refoulement. Je pense aussi à des neurobiologistes comme J. P. Changeux ou A. R. Damasio qui localisent dans le neurone ce qu'on pourrait appeler une représentation. Changeux parle d'« images stockées » qu'il nomme « objets mentaux », et Damasio, quant à lui, introduit le terme de « représentation potentielle » pour désigner la capacité du neurone à produire un souvenir. L'apparition d'un souvenir pénible, par exemple, résulterait de la réactivation de la représentation potentielle. La représentation potentielle ne désigne pas un élément intra-neuronal, mais plutôt un réseau inter-neuronal en veilleuse, en attente d'être réactivé. Or, il est étonnant que Damasio ait choisi ce mot de « représentation », vocable emprunté à la psychologie du XIXe siècle, repris par Freud, et utilisé depuis toujours par les psychanalystes. Sans entrer dans la complexité de la définition psychanalytique du concept de « représentation », une affinité évidente relie la notion freudienne de « représentation inconsciente susceptible de devenir consciente » et celle, neurobiologique, de « représentation potentielle susceptible de devenir mémoire ». Au-delà des particularités de chacune de ces notions, nous n'en sommes pas moins émus de voir le fondateur de la psychanalyse dialoguer, hors du temps et des modes, avec les scientifiques de l'an 2002.

❑ *Et sur quoi portent actuellement vos propres recherches ?*

Je tiens tout spécialement à une proposition avancée en 1978, mais qui reste toujours ouverte au débat, celle d'un *inconscient événementiel, produit et unique*. Qu'est-ce que cela signifie ? D'abord, que l'inconscient n'existe pas à tout instant ; il n'apparaît qu'à des moments privilégiés, des moments de la cure où surviennent des événements singuliers, je veux dire lorsque l'analysant ou l'analyste ressent une très vive émotion et laisse échapper une parole ou un geste qui le surprend. L'inconscient est donc un inconscient *événementiel*, c'est-à-dire qu'il n'y a d'inconscient ni avant ni après, mais durant l'événement ; l'inconscient est intrinsèque à l'événement. Ce qui implique, et c'est la deuxième caractéristique, que l'inconscient n'est jamais déjà là, tout prêt, préexistant à l'acte, mais intrinsèque à l'acte. Il est présent dans tel lapsus, tel rêve ou telle autre manifestation involontaire du patient ou du psychanalyste. Contrairement à une idée reçue, l'inconscient n'est pas le réservoir de l'âme, mais bien une étincelle qui jaillit aux instants cruciaux du dialogue analytique. La troisième caractéristique enfin, porte sur la remarquable mobilité de l'inconscient. Il peut trouver sa source chez une personne et se manifester chez une autre. Aussi ai-je formulé que *l'analyste rêve tout haut ce que le patient refoule en silence,* ou plus exactement que *l'analyste perçoit en lui-même, dans son propre psychisme, les émotions refoulées de son analysant.* Pour cette raison, j'affirme que l'inconscient n'est pas individuel, mais commun aux partenaires de l'analyse. Il n'y a pas un inconscient propre au psychanalyste et un autre propre à l'analysant, mais un *seul et unique* inconscient qui, produit lors d'un événement survenu au cours de la séance, incarne l'*entre-deux* de la rencontre analytique.

Vous pourriez trouver contradictoire cette hypothèse d'un *inconscient unique* commun aux deux partenaires, et celle que j'ai formulée lors de notre premier entretien, selon laquelle l'analyste, – plongeur mental – travaille avec l'instrument de *son propre inconscient* (ce que j'ai nommé « inconscient instrumental »). Mais cette contradiction n'est qu'apparente, car il a fallu dans un premier temps que l'analyste engage son propre inconscient – inconscient instrumental – pour se fondre en une union intime avec l'inconscient du patient. Lorsqu'un analyste perçoit avec son inconscient l'émotion refoulée du patient et la traduit en mots, il est tellement immergé dans le psychisme de son analysant que la frontière entre l'inconscient de l'un et l'inconscient de l'autre s'estompe. En définitive, l'inconscient est, d'après moi, une *instance événementielle* et *coproduite* par les protagonistes du dialogue analytique.

L'autre thèse qui me paraît contribuer à une meilleure compréhension de certains symptômes rebelles à l'action thérapeutique de la psychanalyse, tels les passages à l'acte compulsifs, certaines maladies psychosomatiques, la toxicomanie ou encore les hallucinations, est celle des « *Formations de la jouissance* ». Alors que les manifestations de l'inconscient (lapsus, actes manqués, rêves, etc.) sont toutes symbolisables, c'est-à-dire exprimables en mots, les manifestations ou Formations de la jouissance sont faites d'émotions pures, non symbolisables, intraduisibles en mots. Quand un psychanalyste se trouve confronté par exemple à un patient atteint de troubles somatiques graves aux causes essentiellement psychologiques, il se sent démuni devant la densité d'une souffrance aussi irréductible. Justement, mon hypothèse des Formations de la jouissance est une tentative pour rassembler en une catégorie unique les différentes manifestations pathologiques caractérisées par l'irruption massive de cette émotion pétrifiée que Lacan aurait appelée « jouissance ». J'ai développé dans plusieurs ouvrages les traits communs à toutes ces formations afin de mieux les connaître et définir la meilleure attitude thérapeutique pour traiter efficacement des symptômes aussi résistants à l'analyse.

Ma troisième thèse, souvent reprise par les cliniciens ayant en charge des patients dont les symptômes sont intermédiaires entre la psychose et la névrose, est celle de la *« Forclusion locale »*. C'est un concept issu d'un constat clinique que tout praticien peut établir. Le plus souvent, un trouble psychotique comme par exemple, une bouffée délirante ou une hallucination, survient chez des patients névrosés qui, malgré la gravité d'un tel trouble, ne relèvent pas d'une structure psychotique ; et, à l'inverse, des patients diagnostiqués psychotiques présentent, en dehors d'un délire circonscrit, des comportements tout à fait normaux. Je pense ici à ce jeune homme au passé douloureux marqué par des tentatives de suicide, des épisodes délirants et différentes hospitalisations, qui, cependant, me fait part de son histoire avec beaucoup de bon sens et de lucidité. Ce cas parmi d'autres m'a conduit à penser que la forclusion, mécanisme principal à l'origine de la psychose, se déclenche dans une zone psychique bien délimitée et ne perturbe qu'une seule facette de la vie du sujet.

❑ *Avant de poursuivre, pouvez-vous m'expliquer ce qu'est la forclusion ?*

Ce n'est pas facile, car c'est un terme technique qui nécessiterait un long développement. Brièvement, le mot « forclusion », issu du vocabulaire juridique, a été proposé par Lacan afin de nommer une cassure psychique à l'origine des états psychotiques. Pour bien comprendre en quoi consiste la forclusion, il faut la comparer avec le banal refoulement du névrosé. Tous deux, *refoulement* et *forclusion*, sont des défenses destinées à affronter soit un fait pénible dans le cas du refoulement, soit un choc traumatique dans le cas de la forclusion. Refouler un fait angoissant signifie l'oublier. D'ordinaire, c'est l'attitude que nous adoptons tous pour amortir les coups de la vie. Tandis que, pour le futur psychotique, forclore un choc traumatique signifie une fin de non-recevoir, ne rien vouloir savoir ni souffrir de la violence de l'agression. C'est un refus radical d'admettre le traumatisme et d'en ressentir la douleur. Or, un rejet aussi absolu de la réalité se paie cher. Il déclenche inexorablement des secousses sismiques qui fracturent le psychisme. À la différence du refoulement qui est un mécanisme de défense normal, la défense forclusive est tellement brutale qu'elle provoque une faille dans le Moi. Lorsqu'une personne forclôt un traumatisme insoutenable, il se produit aussitôt un blanc, une béance mentale qui dérègle le système psychique et installe la psychose. La plupart des symptômes psychotiques, comme le délire, l'hallucination et même le suicide, sont des tentatives désespérées du Moi pour colmater la brèche ouverte par la violence de la forclusion. Vous voyez, incapable d'accepter la douleur du traumatisme, le Moi se déchire. En somme, *refouler* veut dire admettre la situation pénible puis l'oublier, alors qu'au contraire, *forclore* veut dire scotomiser le traumatisme, au point de devenir psychotique, fût-ce localement. Il est vrai que les hypothèses psychanalytiques et neuroscientifiques sur l'origine de la maladie mentale sont nombreuses, mais celle de la forclusion – véritable cécité psychique – est, à mon sens, l'une des plus pertinentes pour résoudre l'énigme des psychoses et améliorer leur traitement.

❑ *Pourquoi qualifiez-vous la forclusion de « locale » ?*

Avant de vous répondre, il me faut poser un préalable. Je postule en effet que tout individu est une pluralité de personnalités psychiques, c'est-à-dire une multiplicité d'états subjectifs, sains et malades, coexistants en lui. Comme je vous le disais tout à l'heure, nous nous croyons « un » mais en fait, nous sommes « plusieurs ». Or, chacune de ces personnalités, ou si vous préférez, chacun de ces états subjectifs est en soi une scène imaginaire, en général inconsciente, composée d'au moins deux personnages et dont le scénario s'organise autour d'une émotion intense. Ainsi, le psychisme global d'un individu pourrait se concevoir comme un système feuilleté, une sorte de millefeuille échafaudé en une multitude de plans superposés. Si je devais décrire mon espace mental, je dirais : *Je suis une pluralité de scènes fantasmées, le plus souvent normales, parfois pathologiques, empilées et reliées entre elles par un fil invisible qui scelle mon unité.* Cette théorie du *sujet feuilleté* m'a permis d'expliquer qu'un psychotique grave, par exemple, puisse conserver des régions saines dans son psychisme ; ou, au contraire, qu'un individu parfaitement normal dans ses relations quotidiennes puisse être circonstanciellement psychotique, c'est-à-dire localement perturbé lorsqu'il est sous l'emprise d'une scène fantasmée pathogène. Je suis convaincu que, sans affecter en rien notre équilibre, nous recelons tous un grain de folie, nous avons tous une folie locale que nous ignorons. Elle ne se manifeste pas par un comportement extravagant et bizarre, mais sous la forme discrète d'une conduite illogique, rigide, péremptoire et répétitive, que nous estimons cependant parfaitement légitime.

Cela montre que la forclusion atteint seulement l'un des feuillets, l'un des plans qui structurent le sujet. Le plan endommagé peut alors soit entraîner l'effondrement total de la personne – et nous sommes en présence d'une psychose – ; soit respecter l'équilibre de la structure psychique – et nous sommes en présence d'un individu sain mais subtilement délirant dans un coin de sa vie. Faut-il ajouter que ce délire discret prend quelquefois la forme d'une passion créatrice sans laquelle aucune grande œuvre n'aurait pu s'accomplir.

❑ *Vos idées prolongent-elles les pensées de Freud et de Lacan ?*

Oui, de Freud, de Lacan et d'autres maîtres que j'ai fait miens. L'avancée d'un chercheur, quel que soit son domaine, résulte toujours des travaux de ses prédécesseurs et de l'influence de son époque. Assurément, il n'est de recherche qu'inscrite dans une filiation. Ainsi, mon travail reprend l'héritage que mes maîtres m'ont transmis. Je dis souvent que la transmission d'une science ou d'un art est un cheminement en trois temps : acquérir, oublier et recréer. Elle commence avec l'acquisition du savoir enseigné par nos aînés, se poursuit avec l'oubli, et s'achève par la recréation de ce même savoir. Recevoir une transmission n'est jamais répéter l'identique, mais réinventer un savoir appris. Bien entendu, cette réinvention est l'aboutissement d'un immense effort de conquête. Nous n'héritons que d'un savoir âprement gagné. C'est exactement le principe qui guide le disciple que je suis. Toutes les fois qu'il me faut traiter un problème théorique, je me replonge d'abord dans l'étude des anciens, j'oublie ensuite, puis j'essaie de restituer le savoir assimilé. C'est alors que très souvent, je me surprends à avancer des propositions nouvelles. Si originalité il y a, elle advient toujours par surcroît. Ma devise pourrait s'écrire : *Bien dire ce qui a déjà été dit et se surprendre à formuler du nouveau.*

*

Surmenez-vous !

❑ *Je ne voudrais pas que nous nous quittions sans évoquer une question qui concerne tous les jeunes d'aujourd'hui, celle de l'espoir.*

L'espoir, c'est la confiance absolue que je place en l'avenir. C'est en effet une attente, l'attente d'un accomplissement dont je serais l'acteur. Mais peu importe que cet accomplissement ait lieu ou non, ce qui compte, c'est d'être mobilisé par la promesse du lendemain, fût-elle une illusion. Oui, seul prévaut l'espoir. Pourquoi ? Parce qu'il est une force supérieure qui donne sens au présent. Je veux dire que si vous avez confiance en l'avenir, vous aurez le bonheur de savourer l'*ici et maintenant* de la vie. L'équation serait la suivante : essayez de vous projeter au-delà de vous-même et vous supporterez mieux les épreuves du quotidien.

❑ *Freud et Lacan appartenaient à des familles respectivement juive et catholique baignées dans la tradition religieuse, et pourtant, ils affirmaient ne pas croire en Dieu. Qu'en penser ?*

Selon la définition que je viens de vous proposer, Freud et Lacan sont, à proprement parler, des hommes de foi, car pour frayer leur chemin, il leur a fallu un élan que seul le désir de se surpasser peut insuffler. Mais entendons-nous bien, la réussite n'a jamais été leur dessein. C'est autre chose que cela. C'est un élan spontané, un enthousiasme inébranlable d'aller de l'avant. Ils se sont laissé porter, transporter, emporter par une force irrépressible qui les a poussés à se dépasser. C'est précisément cette force extérieure à eux-mêmes, transcendante, qui fut leur Dieu.

❑ *Et vous, quel est votre Dieu ?*

Le Dieu des psychanalystes ! Si tant est qu'il existe, il aurait pour nom l'inconscient, puisque c'est lui qui détermine nos pensées, dicte nos choix et éveille nos passions. Qu'est-ce que l'inconscient, sinon la force qui nous pousse à être celui que l'on doit être ?

❑ *Pour finir, quelle parole adresseriez-vous aux jeunes qui vous écoutent ?*

Mon message tient en deux mots : effort et modestie. La pensée qui n'est que pensée, la sculpture qui n'est que conçue, le poème qui n'est que rêvé ne coûtent pas encore de peine. C'est la traduction de la pensée en phrases, la transformation de la pierre en statue, et la composition du poème qui exigent un effort. Cet effort est long et douloureux, et pourtant, après l'avoir accompli, on a le sentiment qu'il est aussi précieux, plus précieux encore que l'œuvre à laquelle il aboutit, parce que, grâce à lui, on a tiré de soi plus qu'il n'y avait, on s'est haussé au-dessus de soi-même.

L'expérience de l'effort est, pour moi, si formatrice que je n'hésiterai pas à dire aux jeunes : *Surmenez-vous* ! Bien que le surmenage ne soit pas à la mode, l'avenir appartient à ceux qui se surmènent.

Quant à la modestie, je l'entends au sens de faire ce qu'on a à faire, d'accomplir au mieux de ses moyens la tâche qu'on a devant soi. Je veux dire que pour avoir une chance de réussir, il faut concentrer toute son énergie sur l'action présente sans penser au succès éventuel. Que la phrase que l'on écrit ou le trait que l'on dessine soient, au moment où ils sont exécutés, les seules œuvres qui vaillent. Il n'est d'œuvre que l'acte en train de s'accomplir, fût-il le plus ordinaire. Voici donc la maxime qui pourrait guider le jeune pris par son projet :

Faire avec passion, et en faisant, se faire !

*

TABLE

La haine et l'amitié

*

Seul à seul avec l'enfant

*

Éloge du surmenage

*

Cet ouvrage a été imprimé par la
SOCIÉTÉ NOUVELLE FIRMIN-DIDOT
Mesnil-sur-l'Estrée
pour le compte des Éditions Payot & Rivages
en septembre 2002

Imprimé en France
Dépôt légal : septembre 2002
N° d'impression : 60981